因為情緒太糟糕，所以需要
自療心理學

憂慮寂寞來襲、被綑綁的人際關係、生活處處碰壁？
—— 這是一劑心靈的處方，請安心服用！——

胡彧 —— 編著

SELF-HEALING PSYCHOLOGY

現代人要承受各種生活環境上的壓力，導致一身的「文明病」，
自卑憂鬱的心理疾病、在親密關係中迷失、壓力帶來負面情緒
想在壓抑的生活中解脫，不一定要出遠門散心才有用！

社交過濾 × 焦慮排解 × 平衡關係 × 自我療癒
世界很難有所改變，但你可以從「心」開始！

目 錄

上編　培養平衡心理

修養處世篇

目錄

事業成功篇

挫折、疾病篇

目錄

婚戀、情感、家庭篇

目錄

下編　贏得快樂人生

目錄

上編　培養平衡心理

修養處世篇

● 掌握人際距離

「不識廬山真面目，只緣身在此山中」。廬山乃人間勝境，看不出它的妙處來，是因為身在山中之故。人與自然景觀之間的關係尚且如此，人與人之間的關係更是微妙。

許多人都有這樣的經驗和體會：親密的人際關係經常會有摩擦和矛盾，反倒不及初次交往容易。很多家庭常常相互埋怨，正是這種情況的表現。按理說應該是交往得越深就越容易相處，人際關係也越好。可事實上並非如此。原因何在？

很簡單，就是人們忽略了一個「分寸」的問題。因此，儘管有著良好的願望——希望自己所擁有的人際關係親密度越高越好，但還必須記住「親密並非無間，美好需要距離」。

對人際距離的拿捏應注意以下幾個方面：

尊重別人的隱私

不論多麼親密的人際關係，也應彼此保留一塊私人空間。人們總以為親密的人際關係特別是夫妻之間、父母與子女之間似乎不應該有什麼隱私可言。其實越是親密的人際關係越是要尊重隱私。

這種尊重表現為不隨便打聽、追問他人的內心祕密，也不隨便向別人吐露自己的隱私。過度的自我暴露雖不會侵犯到別人的隱私，卻也向對方靠得太近，失去了人與人之間恰到好處的距離。

有包容心

包容心要求我們尊重差異、包容個性、包容對方的缺點，諒解對方的小過錯。「水至清則無魚，人至察則無徒」。清澈見底的水裡面不會有

魚，過度挑剔的人也不會有朋友，沒有包容心，遲早會將人際關係推向崩潰的邊緣。

懂得運用距離效應

距離效應是指由於時間的阻隔，彼此間有了距離；一旦把距離縮短，重新相聚，雙方的感情得到最充分的宣洩。

在這裡，距離成了情感的添加劑。可見，有時距離的存在也能給人以美的享受。因此，應該培養自己拉開一定距離看他人的習慣，同時也不要時時刻刻把自己的透明度設置為百分之百。內心沒有隱祕足顯自己的坦蕩，但因此失去了應有的人際距離，無形中為以後的人際矛盾種下禍根，這就不是明智之舉。

● 如何克服失望情緒

失望是生活中常有的現象。有人能較快地克服失望情緒，有人卻長期為失望情緒所羈絆。

如何克服失望情緒？

★ 堅信愛迪生的名言「失敗也是我需要的，它和成功對我一樣有價值」。失敗是一種「強刺激」，對有志者來說，往往會產生增力性反應。失敗並不總是壞事，也沒有什麼可怕的。面臨失敗，不能失望，而是要找出問題癥結，尋求進取之策，不達目標不甘休。

★ 腳踏實地地追求奮鬥目標。如果我們對外語一竅不通，卻期望很快當上外文小說翻譯家，豈不自尋失望？有些人平時學業成績平平，卻想進頂尖大學深造，結果難免失望。事情的發展結果與你原先的期望不

符合，期望一旦過高，失望越是沉重。我們應該追求與自己的能力相當的目標。有時候，目標雖然與自己的能力大小相符合，但由於客觀條件的影響，也會招致失望情緒，這時更應注意調整期待值，減少失望情緒。比如升遷，或許你的實際能力已經達到某個職稱，但由於某項職稱的人數比例有限，你沒有選上。這時要調整內心期望值，使之與現實相符，這樣便能很快克服失望情緒。

★ 期望應該具有靈活性。不要把期望凝固化。生活中，期望不只是一個點，而應該是一條線、一個面。這樣的好處是：一旦遇到難遂人願的情況，我們就準備放棄原來的想法，追求新的目標。當然，這不等於「見異思遷」。比如你去劇場聽音樂會，你原先以為自己喜愛的歌唱家會參加演出，不料他（她）因病不能演出，你當時會感到失望。如果你這時將期望的目光投向其他歌唱家時，你就會拋棄失望情緒，逐漸沉浸在藝術美的境地中，內心充滿著歡悅。

★ 期望應該具有連續性。有些人的失望，是由於把期望割裂了，以致「畢其功於一役」。當「一役」難以如願時，就深感失望。世界上固然有一帆風順的幸運兒，而更多的卻是命途多舛、歷盡艱辛的奮鬥者，愛迪生發明燈泡先後試製了一萬多次，無疑，其間至少也失敗了幾萬次。倘若愛迪生不把自己發明燈泡這個期望，看成是一個連續的過程，不要說一萬次失敗，就是一百次失敗也足以使他望而生畏，知難而退了。要提升克服失望情緒的能力，就要增強自己承受挫折的耐力。

● 成見影響人的判斷力

　　心理學家曾在英裔加拿大學生和法裔加拿大學生中做過一個實驗：實驗前，心理學家告訴這些學生，這次實驗是在不見面的情況下，透過錄音帶的聲音來判斷一個人的性格特徵。錄音帶上是 10 個人朗誦同一篇文章的聲音，其中 5 人用的是英語，另外 5 人用的是法語。學生們並不知道，實際上是 5 個人分別用兩種語言朗讀。結果心理學家發現，同一個人用英語朗誦時，人們說他個子高、有風度、聰明、可靠、親切、有抱負，而用法語說時，人們的評價就沒那麼高了。

　　為什麼會有這樣的不同呢？因為在加拿大，英裔加拿大人的社會背景通常好一些，人們對他們的印象和態度也就比對法裔加拿大人好。而正是這種已經形成的態度，影響了人的正確認知。

　　在生活中，是不是也常因為某種成見而影響了我們的判斷力呢？

● 善用心靈之窗

「盯視」

　　盯視，常常傳遞著一種不禮貌的語言。如果死死地盯視一個人，特別是盯視他的眼睛，不管有意無意，都顯示著一種無禮，對方會感到不舒服。因為，人們在凝視對方時，自己內心肯定會有心理活動，而對方也會有較強烈的心理反應。盯視，在某些特定場合，是作為心理戰的招術使用的，在正常社交場合貿然使用，便容易造成誤會，讓對方有受到侮辱甚至挑釁的感覺。

「睇視」

「睇視」反映出的並不是太友好的語言，它除了給人有睥睨與傲視的感覺外，至少也是一種漠然的神態。另外，在西方，對異性睇起一隻眼睛，並眨兩下眼皮，是一種調情的動作。眼睛的語言，其實透露著一個人的特質與修養。成熟的、有教養的淑女會善於控制自己的情感，不輕易讓它從眼睛裡流露出來侵擾別人。即使不喜歡與對方來往，也不會輕易地做出鄙夷或不屑一顧的眼神。而且，她的眼神，展示著一種落落大方、親和友善的淑女風度，讓那些輕視他人的人自慚形穢，從而受到某種程度上心靈的淨化。

● 恢復我們的感激意識

感激意識對於情感健康十分重要。這種意識使人們能夠「感恩知足」，珍惜自己所擁有，不必等到喪失才知其可貴。它既能夠避免人們貶低日常生活的價值，又能夠重新激發出高峰經驗。為培養這種意識，我一直在探索一些實用方法。

一種方法是想像一下你所關心的某個人將要去世，甚至很快就要離開人世。請發揮想像力，設身處地地想一想，你將會有什麼樣的心情，你將會失去什麼，以及你會為哪些事傷心不已？你會感到遺憾或後悔嗎？你將如何與他訣別，才不會使自己以後想起他時覺得有些話還沒有說而耿耿於懷？並且，你打算如何留下關於這個人的最深切的回憶呢？

另一種恢復感激意識的方法是想像自己就要死了 —— 彷彿自己正站在斷頭臺的邊緣。小說家阿瑟·庫斯勒（Arthur Koestler）在他的自傳中談到了這種強烈的意識狀態。現在，請想像眼前的一切對你是多麼生動與寶

貴！請身臨其境地體會一下你對所有愛你的人說「再見！」時的感覺。此時，你會說些什麼呢？你又會做些什麼呢？你將會有什麼樣的心情呢？

這些訓練能夠幫助我們越來越意識到，並且表達出對他人的感激之情。這樣，我們將能夠從一個更高、更令人滿意的角度看待我們的生活。

馬斯洛晚年認為，體驗和表達感激的能力是情感健康一個重要的、然而卻被嚴重忽視的層面。與此相應，他認為忘恩負義是情感病態的明顯特徵。這種病態情感普遍地存在於社會，諸如家庭成員之間，鄰里之間，同事之間，以及朋友之間等。

● 快樂不應該是靈魂的指揮棒

人的基本生存動機就是趨樂避苦，所以人的一切活動在廣義上說都是在追求快樂，而且現在的社會環境也給人追求快樂帶來許多便利條件。簡言之，與過去相比，現在可以說就是一個追求快樂的時代，然而，如果將快樂作為支配人行為的唯一原動力，即作為唯一的人生原則、信條，那就偏頗了。因為人生於社會，既有權利，也有責任和義務。比如去服兵役，這肯定不是件只有快樂的事，可是身為一個公民、一個適齡年輕人，就有必要去盡公民的義務。如果他信奉快樂原則，拒絕和逃避，就與社會的原則相違背而會遭到譴責。如埃里希·弗羅姆（Erich Fromm）所說：「『真正的』快樂在於精神安寧、無所畏懼，而這樣的境界只有那些深謀遠慮者才能達到，因為他能為了獲得永久安寧的滿足而放棄一時的喜悅。」因此，一個人如果只將追求快樂作為他的生活目的，那麼最後的結果就是被這種快樂所吞沒。

現在，在一些年輕人中，更熱衷於談論權利和自我存在的價值等，對於權利的伴物——責任，反而談得不是很多。因此，不僅一些怠忽職守

的惡性事故首先就是不盡責任的後果，而且即使是知曉責任分量的人，也常在個人利益與責任的天平上，傾向前者而忽略後者。

責任，是一種道德認知，也是一種行為實踐。具體地說就是一個人對自己的工作、所屬的團體、所生活的社會應承擔任務、應盡義務的自覺態度。英國學者史密斯說：「接受責任的能力是衡量人的標準。」當一個社會的所有成員能積極地處理權利和義務的關係，這個社會就能高效率地運轉；當一個人能正確地處理索取和貢獻的關係時，這個人就能健康地發展，而協調其間關係的就是人的責任。從這一點上說，我們是應該把責任看得更重一些的。

● 經營自己的長處

畢業於西點軍校的弗蘭克將軍（Liborius Ritter von Frank），在一次軍事演習中，手榴彈散片炸入他的左小腿，醫生不得不把腿切除掉，等著退伍似乎已成不可避免的結局，更讓他傷心的是失去了昔日在棒球場上的英姿。在後來的球賽裡，他只能用棒擊球，而由別人替他跑壘。他想用自己的勇氣改變這一缺陷，有一天，在他將球擊出後，他推開了替他跑壘的隊友，忍著疼痛，一瘸一拐地跑了起來，當跑到一壘和二壘之間時，他看到對方球員已接到了球正向守二壘的人丟過去，他就閉上眼睛，頭朝前地滑入了壘包。裁判員喊出了「安全」的口令，弗蘭克發出了勝利的微笑。幾年之後，他向長官請戰，帶領中隊到一個地形複雜的地方演習，並圓滿的完成了任務。

後來，弗蘭克升為四星上將，而且還可以跑步。聽到他創造的奇蹟後，新聞記者都來採訪他，他說：「失去一條腿，教會了我一個真理，那就是受自己缺陷的限制是可大可小的，這取決於你自己如何看待和處理

它。關鍵是應該專注發揮你所具有的長處，而非總是記著自己的缺陷」。

　　這個世界上沒有完人，每個人身上或多或少都存在著某些缺陷，如果略為嚴重些，就難免會妨礙自己的競爭和發展，使自己的夢想無法實現；但我們每個人也都有或這或那的長處和優勢，而這多元化的社會裡，在很多可供你選擇的情況下，這些長處和優勢恰恰正需要引起我們自己的注意，如果我們把心思是放在這些長處的經營上，而不是老念叨著自己的缺陷，我們一定就能像弗蘭克一樣做出原先想不到的業績。假如你是個優秀的人，善於發揮和經營自己的長處，那會使你的才能施展得更為淋漓盡致。

　　發現自己的長處並善於經營，是一種聰慧的生存方式，也是我們擺脫局限，超越自己超越別人的最好捷徑。

● 洞察身體語言

★ 展現熱情

- ‧ 溫柔地注視對方的眼睛
- ‧ 將目光和身體轉向對方
- ‧ 張開雙臂做擁抱狀
- ‧ 作出接受對方的表情

★ 表示拒絕

- ‧ 轉移視線
- ‧ 將身體、膝蓋、手等移向與對方相反的方向
- ‧ 緊閉雙唇，用冷漠、堅定的視線注視對方
- ‧ 左右搖頭
- ‧ 露出陰沉、不快的表情

★ 表示為難時

- 垂下目光
- 短時間一言不發地看著對方
- 偏著頭做沉思狀
- 抬起下巴，視線低垂

★ 表示灑脫時

- 時刻面帶笑容
- 經常使用有力的手勢
- 舉止輕鬆歡快，見面時先打招呼
- 反應敏捷，動作迅速
- 在表達時動用身體各個部位
- 對人對事態度積極主動

● 鄰近效應

　　兩個人能否成為朋友，與住處的遠近有很大關係。這被稱為鄰近效應。那麼為什麼鄰近性會引發好感呢？

★ 增加親近感：鄰近性一般都會增加親近感。住得近的人自然碰面的機會也相對頻繁，重複的接觸就會引發、增加彼此間的好感。

★ 強烈的相似性：人們大多選擇社會地位、經濟實力與自己相近的人為鄰，而地理位置上的鄰近性進一步增強了人們的相似性。

★ 越是鄰近的人，其可利用度也越高：鄰居之間不用花費太多的時間和費用便可成為好朋友，而且有很多事可以相互囑託，有快樂可以一起

分享。比如可以請鄰居照看孩子或房子，家裡不管發生什麼大事小事都可以相互照應。

★ **認知的一貫性**：與討厭的人比鄰而居，在心理上是難以忍受的。人們在交往中大多願意接近與自己合得來、住所比較近的人。

● 成熟人格六要素

人，必須在各式各樣的社會環境中生存。同學間、同事間、夫妻間、朋友間、與上司、與遠親、與近鄰、與路人，每個場合所應該採取的應對方式都不同，除了要充分洞察現實環境之外，沒有成熟人格，是很難適應這些複雜多歧、瞬息萬變的環境的。

談到人格是什麼，應該講它是先天體質結合的「氣質」，後天發展的「性格」，以及「能力」、等等歸納而成的。通常我們稱之為「人品」。它和一個人的素養、情緒性、行動傾向、行動樣式、習性、態度等都有不可分割的密切關係。

被稱為「人格研究界第一人」的哈佛教授高爾頓・威拉德・奧爾波特（Gordon Willard Allport），運用現象學中的觀察法研究人格的成熟度，並在他的《人格型態與成長》中，提出了成熟人格的六要素，作為「人格成熟的基準」。

自我意識（自我感覺）的擴大

人在嬰兒時期，只知道愛自己，不久，自我意識擴大到母親、朋友身上。成人以後，不管是誰，對於自己的衣服、金錢、所有物，都有「這是我的東西」的意識。為限於這麼低的層面，而能擴及到職業、家庭——

甚至擴大到所屬的團體、地域、社會、國家的話，便可視為成熟人格的表徵之一。

和他人的密切連繫

由於自我意識的擴大，對於周圍的人，也能建立親密感及同感。不會隨便在背後說人懷話、挑人缺點、發牢騷、嫉妒、諷刺等等、尊重對方，寬容對方，不排斥對方，即使是男女之愛，除了被愛之外，也渴望伴侶，而且能接受伴侶目前的狀況，懂得包容對方的缺點。

情緒的安定（自我包容）

把自己的憤怒、恐懼、性的衝動，都當作是一種「自我情緒」來處理。不盲目地壓抑，也不鑽牛角尖，所以沒有罹患恐懼症及強迫症之虞。以盡量不和周圍環境起衝突的方式來處理。而且，碰到挫折、欲求不滿時也具有相當的耐力，不會亂發脾氣、牢騷，也不會隨便責怪他人、自憐自艾。時時反省自己、等待時機，尋求解決問題的方法，避免情緒不巡，或是能克服情緒不安。

當然，一個具有成熟人格的人，也不是就能隨時保持冷靜、沉著。既然是人類，就免不了有喜、怒、哀、樂等心情的轉換，有時也會莫名其妙地憂鬱。但他絕不會被這些情緒影響，則作出衝動的行為，有損別人的福利，既能保持自己的情緒狀態，又能愉快地生活，這種情緒的安定，是由「均衡感」以及能自我控制所造就的。即使遭遇危險，也不會慌慌張張、不安畏怯，對別人的情緒表現也不會感到有威脅感。

具對現實的知覺、技能

能夠正確的認知現實，而且具備解決問題的技能。雖然有高度智慧的人，不一定都是具有成熟人格的人，但是，智慧卻是成熟人格所不能欠缺的部分。對自己的職業欠缺技能（家庭主婦的話就是家事），即使在其他點上合格，也不能說是成熟的人格。

另外，投入自己工作的能力，也和正確的認知、技能一樣重要。所謂投入工作的能力，是指有某個課題的時候，那種忘我投入的工作熱心感而言。

自視客觀 ── 洞察和幽默

以自我為對象，客觀地視察，也就是說要真正地洞察自己、了解自己。很多人認為自己很了解自己，其實真能稱得上了解自己的人並不多。

除了洞察自己之外，還要有幽默的感覺。真正的幽默，是保持某種距離凝視自己，認知理想的自己和實際上自己的對照，並感到的「滑稽」。幽默和粗野的嘲笑、無意義的笑料、攻擊性的調侃等不同。

幼兒會感覺到別人的滑稽可笑，卻不具備笑自己的能力，年輕人也是一樣。失敗的時候，往往無法一笑置之，容易視為苦痛。

其實，人生就像一場戲，能夠客觀地凝視自己所扮演的角色，同時以幽默的態度面對生命中的起起落落，才是成熟人格的表現。

統一的人生哲學

把自己的人生當作有意義的東西，具有統一人生各種活動的人生哲學。這裡所說的哲學，並不是指專業性的學說，而是個人的生活信條、生活目標的意思。即把什麼當作人生最高的價值，應該以哪種方式生活，都

訂定了方針。說是具有自己獨特的人生觀也行。奧爾波特還認為宗教情操及良心，是成熟人格的最基本條件。

● 批評的藝術

批評是要技巧的。雖然有時脫口而出的話，好朋友是不會見怪的，但是一把年紀了還口不擇言，就會引起他人的反感。朋友交往最忌諱被人家看作是無聊的人。因此，批評是要有技巧的，性格成熟的人在批評他人時，一定是不忘下列的原則：

★ 不涉及對方肉體上的缺陷。

★ 不探他人隱私。

★ 不指出金錢或其他數字。

★ 對事不對人，不驟下定論。

★ 不口出惡言。

以上這五個原則一定要確實地遵守。只要是不好的話，就一定會傳進對方耳中，這一點必須要有覺悟才行。何況這些話一定會被加油添醋，甚至被居心不良的人利用。這點可是連一點防範之道也沒有，所以從平常就要遵守以上原則，以免禍從口出造成遺憾。

此外，你在批評別人時，如果又加上：「我告訴你一件事，你不要告訴別人……」那只會收到反效果，碰到那些不吐不快的傢伙，就會因為沉不住氣大肆宣傳甚至還會加油添醋地告訴別人，這種人真是太恐怖了，我們應該敬而遠之。

其實，那些總是對我們說長論短的人，正是會將我們所說的話傳出去的人，這樣的人不足為懼。只要你稍加留意，不要讓自己的朋友把你的話

加油添醋地告訴別人就可以了。朋友們聚在一起，難免會發發牢騷，只要不做惡意的人身攻擊，就沒什麼好怕的。

● 自信者的姿態

我們自信，感到優越，因為我們擁有。

一個自信的人，談話時可能沒有掩口、摸鼻和抓頭等姿態。因此在觀察自信的姿態時，要注意與其相矛盾的表示懷疑或其他消極的姿態。

一個有相當成就且知道自己目標的人，在他身上常可感覺到自豪、朝氣蓬勃的生活態度。這種人往往身板挺得很直，顯示其自信心很強。或許這就是我們常勸年輕人要站直的理由。我們的一位同事對此深有體會：只要挺胸站直，就可以把他的感覺從沮喪變為堅定。

自信的人比那些沒把握或企圖有所掩飾的人，正常正視別人的眼睛，而且凝視的時間也較長。

表達自信的姿態群包括：

指尖架在一起

這種姿態就是將雙手的指尖架在一起，形成「教堂塔尖」的樣子，明確地表達自信。也是表達沾沾自喜、有權威、自負或自豪的姿態。

自信的人與人交談時很愛擺出這種姿態，它明確顯示出一個人對自己所說的話很有把握。一個著名領袖對他的傳記作者或專欄作家解釋一個結論，或講述一個問題時，常常作出雙手指尖架在一起的姿態，顯示對他自己所說的絕對自信的態度。

婦女通常採用指尖架得較低的姿態。她們坐的時候，習慣把手放在大腿上。站立時，指尖則輕輕碰在一起，其高度約與腰帶相同。

傳教士、律師和學者常作這種姿態，商業主管也是。我們的研究資料顯示，商業主管人員越覺得自己重要，手就越放得高，有時與眼睛同高，從手指縫看人。在上司與屬下的關係中，這是很常見的姿態。

有的談判人員，每當處於劣勢，就故意作出指尖架在一起的姿態。每當作出這種姿態，對手就以為這個人有什麼扭轉乾坤的高招，以為他知道的比說出來的要多得多。對手為此也許會很快改變策略。打牌的人，也會常見這種姿態。當然，你必須肯定對方真的存心以使人誤解的符號來欺騙你。因此，我們勸你注意對方的其他姿態是否一致，在接受任何單一姿態的意義之前，分析前後的姿態。

另外，指尖架在一起的姿態，手貼得較緊，和其他指尖加固一起的姿態一樣，通常也表示自信。

雙手背在身後

在英國特拉法加廣場（Trafalgar Square）的員警巡邏時，在西德海關關員搜查行李時，或在日本的商業主管對部下說明市場計畫對公司的重要性時，都可以看到這種姿態。很多軍人記得他們第一眼看見長官晃到隊伍前面時的情形，雙手背在後面、下巴向前突出，標準墨索里尼式姿態，走路時可能身體還前後搖擺。無疑的，新兵的心裡認為他一定掌握整個形勢。

在生活中經常看到作出這個姿態的人，他可能就是某個公司的老闆。觀察一下你的主管，是否常作這種姿態。這種姿態的文字說明可能是：「我知道你們當中有幾位能人，但我是你們的主管，這裡我說了算。」

別以為這只是男性的權威姿態。我們曾看到倫敦的一位年輕女警官，她執勤巡邏時，也是這種姿態。還有些風騷的女郎有意無意地瞄你一眼，

低下頭，雙手背在後面，擺放的部位較高，使胸部更為突出。這可不是權威姿態，但卻表達了自信，以及良好的自我感覺。

腳架在桌上

我們的一位朋友與同事的合照曾登在一家商業雜誌上。坐在他旁邊的人，把腳架在大會議桌上。我們開玩笑地說：「如果你旁邊的人不是你的老闆，你可要小心他。」他問道：「這是什麼意思？」我們解釋說如果有人把腳架在什麼東西上面，這是無聲地表示他的控制欲和優越感。我們的朋友立即釋然：「那我大可放心，這個人是我的老闆。」隨後他向我們講述了拍這張照片的經過，當時攝影師已拍了六張，沒有人把腳翹在桌上，拍第七張時，有人建議老闆：「為何不自然一點，不妨把腳放在你平常喜歡放的位置？」老闆欣然接受屬下的提議，拍成了這張照片。

生活中我們常常遇見這種姿態，並不都是表示自信的。那些缺乏教養、舉止粗野的人不分場合地作出這種姿態，著實令人厭惡。

身子坐好一條腿擱在椅子扶手上

談判開始，你見到有人作出這種姿勢時，會以為這麼舒服的姿勢是表現很好的合作精神。然而，很快你就會發現，儘管他好像很輕鬆，臉上還不時浮現出笑容，但其實他並不考慮別人的需求，甚至反對別人的意見，這種姿態表現了一種不合作的態度，並顯示出優越感。

這種姿態與前邊講的腳架在桌上的姿態類似，但在上司與屬下之間，屬下常以這種姿態示人。空服員則認為，採取這種姿勢的男性旅客難侍候。在買賣交易中，買方在他的辦公室裡會採取這種姿勢，表示在他的地

盤上進行交易，要聽他的。許多大老闆，在此時愛用這種姿勢，以表示高出對手一等。

這樣的姿態不美，而且實在是自信過了頭。

● 挣扎時別忘了鼓勵自己

當沒有人鼓勵你的時候，別忘掉你的最佳支持者就是自己。世情猶如銀行，天晴送傘，下雨收傘，你最需要的東西，別人通常不會在你最需要的時候給你。請你別把這些視為悲劇，別為它貼上喜或悲的標貼，先穩定住自己的心態，不然便會沮喪。

有些看上去一直風調雨順，其實也經歷了許多的困難的日子。如一位朋友所說，只要你不沮喪，別人便覺得你很順利了，人在挣扎時，並不需要讓人家看到你的底牌。

每個人都有難過的日子，此時，自己鼓勵自己是唯一的選擇，也是最好的選擇。別太低估了自己，請相信鼓勵的力量。

當你沮喪時，先給自己來個大檢閱：

有扎實的知識嗎？有的，別輕易否定自己。有一技之長嗎？有的，懂得選碗也是一技之長。有勤奮的習慣嗎？有的，這就是個優點。

如果你連勤奮也不願意，那麼誰的鼓勵都幫不了你。記住：當機會到了你眼前，說什麼也得先把它抓住，別讓機會白白溜走。

挣扎時別忘了自己鼓勵自己，既鼓勵自己同時也寬恕別人。如此這般，便會快樂常在。

● 適應 ── 突破困境的能力

你擁有突破困境的自由

　　從心理學上講，人的心理在反映客觀世界時具有主觀能動性。人生活在具體的客觀環境中，對各種現實地反是非曲直，不是照鏡子似的消極被動地反映，而要經過主體在實踐活動中透過一系列的心理活動過程來能動地反映。由於每個人內部的特點不同，即已有的知識經驗、個性傾向性，如需求、動機、理想、信念、世界觀等不同；個性心理特徵，如興趣、能力、氣質、性格以及反映事物時的心理狀態不同；同樣環境下，對同樣客觀現實的反映不盡相同；同一個人在不同的生活時期或在不同的心理狀態下，對同一客觀現實的反映也不盡相同。每個人都可以對自己所處的環境做出積極主動的反應，以良好地適應環境。

　　我們應該在實踐中不斷提升自己的心理控制能力，學會在繁雜的外界環境中整理、分辨、選擇、迴避，更精確、更有效地掌握現實環境中有利於自己生存發展的資訊；更善於抓住複雜事物的關鍵，了解事物的本質，淘汰那些與我們生存發展關係不大的無用的刺激。那麼，我們就會擁有突破困境，掌握成功的自信與自由。

發展是積極的適應

　　在現實生活中，人們對環境的適應，從適應的方向上看大體上有兩種：

消極的適應

　　這種適應是人與環境的消極互動過程。在這一過程中，個體認同、順應了環境中的消極因素，壓抑了自身的積極因素，即自身的潛能，違背了

人的心理發展方向。其結果是環境改造了人，而人未發揮自己對於環境的能動作用。例如，在當前，某些地方社會風氣不正，貪汙、腐敗、請客送禮、拉關係、走後門。在這樣的小環境中，一些善於見風轉舵、阿諛奉承的人「吃得開」、「爬得快」，而那些稟性耿直、堅持正義、實事求是的人卻受排擠、受壓制。在這種情況下，有的人為了「適應」環境，採取了「入境隨俗」的態度，一邊譴責著不良的風氣，一邊自己也做著這些「俗事」，同現實環境「同流合汙」起來；有的人則出於無奈，採取「看破紅塵」、安於現狀、不思進取的態度；還有的人為了求得表面上對環境的適應，不恰當地使用「心理防衛」機制，如「壓抑」、「投射」等，使心態發生了扭曲。又例如，人在遭受了挫折的環境下，採取的消極的悲觀態度等。這些人都是以壓抑自己的潛能，犧牲個人心理機能和特質的發展為代價，這種對環境的適應是退化，而不是發展。

積極的適應

積極的心理適應是個體在客觀環境中積極主動地調整自己與環境的不適應行為，增強個體在環境中的主動性、積極性，使自身得到發展。任何環境中都存在著有利於個人成長的積極因素和不利於個人成長的消極因素。積極的適應是要正確地分析自身的特點及環境的特點，從對這二者的分析中找到自己的生長點。心理學家馬斯洛在談到成長與環境的關係時說：「環境的作用最終只是允許和幫助他，使自己的潛能現實化，而不是實現環境的潛能。環境並不賦於人潛能，是人自身以萌芽或胚胎的形態具有這些潛能，屬於人類全體，正如他的手臂、腿、腦、眼睛一樣。」馬斯洛的觀點雖然強調人的先天因素，但他給我們啟示：每個人都存在著潛能，環境只是才能發展的條件，而不是「種子」。我們對其理論的補充和

修正是：潛能發揮的重要條件是個人的實踐，個人在具體環境條件下的能動地活動。將環境中的有利因素和個性中的積極因素統一在自己能動地實踐活動中，人就獲得了一種積極的適應。發展是人對環境的積極適應，我們所提倡的正是這種積極的適應。

● 給心靈鬆綁

　　如果你對一個問題掙扎了一整天，仍然沒有顯著的進展，最好不要去想它，暫時不作任何決定，讓這問題在睡眠中自然地解決。因為睡眠中沒有太多意識的干擾時，也是最佳的工作時機。

　　引起緊張、匆忙、焦慮等情緒的另一個原因，是同時想做很多事情的荒謬習慣：學生一邊看電視，一邊做功課：企業家不將注意力集中在他正在口述的事上，卻在心裡盤算著今天應該完成的另一事情，希望能同時解決。這些壞習慣是在不知不覺中養成的，當事者通常都感覺不出來。我們想著眼前的很多工作，而感到神經過敏、憂愁、焦慮不安。這種神經不安的情緒並不是由於工作而產生的，乃是由於心裡的想法 ──「我必須同時完成這些事情。」

　　我們緊張，是因為我們想做不可能的事，這樣無可避免地招來徒勞和挫折。所以，正確的做法是：一次只做一件事。做完一件事，便會覺得有了一點成就感。

　　了解這一點，我們心裡就不會想著同時「做」下一件事；相反地，我們會把精神全部集中於正在進行的事。「給心靈鬆綁」！以這種態度來做事，我們會感到輕鬆，不再有匆忙、焦慮的情緒，而且能集中全部注意力去全心思考。

● 擺脫懊悔的糾纏

　　人們在日常生活中，經常要對某些事情作出抉擇並採取行動。有的抉擇是正確的，會導致好的結局；有的抉擇是錯誤的，就會帶來不好的後果，對自己、對他人、對家庭、社會帶來不利的影響，因而造成人們為自己不當的抉擇而後悔，這是正常的，每個人都有過。關鍵是後悔的次數不能太多，時間不能太長，不能深陷在無盡的懊悔之中，這樣會對人的身心健康造成負面影響。

　　對待懊悔，由於每個人的氣質、教育程度及生活環境的不同，處理的方式也不同，其結果也就截然兩樣。有的人心理素養較好，具有承擔自己行為不當和錯誤抉擇的勇氣和膽略，能夠正確地對待成功與失敗，善於在成功與失敗中總結經驗教訓，以利再戰。而有的人不能客觀地衡量成功與失敗，總認為成功就是十全十美，失敗就是一無是處，每當事情辦得不那麼盡善盡美時，就後悔懊喪，痛苦不安，甚至深深的自責，或總想在懊悔之中獲得「好辦法」，以改變陰差陽錯而鑄成的失誤，其結果使這種不利於身心健康的有害心理，無情地折磨著自己的心靈。

　　擺脫懊悔的羈絆，在於正確地對待成功與失敗。只有學會辨證地看待成功，勇敢地面對失敗，才能夠戰勝懊悔，取得新的進步。

　　擺脫懊悔的羈絆，在於正確地估計自己的能力。正確地估計自己，就不會對自己抱過高的期望，不致於因失敗而生埋怨。應該大膽地行動，同時做好為自己一切行為承擔責任的心理準備。只有在行動中全面了解、鍛鍊自己的能力，發現自己的優勢，找到自己的短處，重建自信的基底，才能減少失敗而免生懊悔。

　　擺脫懊悔的羈絆，在於進行自我意志的鍛鍊。意志堅強的人能面對挫

折和困難無所畏懼，勇往直前，不達目的絕不甘休，成為生活和事業的強者；而意志薄弱者則怯懦退縮，在挫折和失敗面前一籌莫展，懊悔沮喪，悲觀失望。因此，應該有意識地加強意志鍛鍊，提升心理容忍力，努力成為意志堅強的人。

擺脫懊悔的羈絆，在於學會迴避或轉移。當為挫折和失敗而懊悔，自知情緒難予駕馭時，應盡可能迴避懊悔可能引起的各種消極情緒；當已經產生懊悔情緒時，就應該設法轉移或分散自己的注意力，把精力集中到自己喜歡做的事情當中，或打球、弈棋、或閱讀、或聽音樂等，使大腦在歡樂和愉悅的情緒中得到調節。從而忘卻煩惱和憂愁，淡化懊悔和沮喪。

擺脫懊悔的羈絆，要學會向別人傾訴。傾訴是一種感情排遣，一種心理調節術。當抉擇失誤或辦錯事情時，不應自悔自責，更不該怕人笑話，應該主動地敞開閉鎖的心扉，將充塞在心頭的懊悔、痛苦、委屈淋漓盡致地向別人傾訴，在別人的寬慰和勸導中化解心頭的鬱結，獲得心理上的平衡。

● 如何培養意志力

對於每一個要克服的障礙，都離不開意志力；面對著所執行的每一個艱難的決定，我們所依靠的是內心的力量。事實上，意志力並非是生來就有或者不可能改變的特性，它是一種能夠培養和發展的技能。下面幾條有助於增強你的意志力，不妨一試。

積極主動

主動的意志力能讓你克服惰性，把注意力集中於未來。在遇到阻力時，想像自己在克服它之後的快樂；積極投身於實現自己目標的具體實踐中，你就能堅持到底。美國東海岸的一位商人知道自己喝酒太多，然而他

從事的是壓力很大的工作，而在進餐前喝幾杯葡萄酒似乎能讓緊張的心情得到放鬆。但酒和累人的工作又使得他常一喝完酒便呼呼大睡。有一天，這位經理意識到自己是在借酒澆愁，浪費時光。於是他不再貪杯，而是把更多的兒女身上。剛開始時很不容易，常常想起那香氣四溢的葡萄酒，但他告誡自己現在所做的事將有所得而不是有所失。後來的事實證明，他越是關心家庭和子女，工作的熱忱也就越大。

下定決心

美國羅德島大學教授詹姆斯‧普羅斯把實現某種轉變分為四步：

1. 抵制 —— 不願意轉變；
2. 考慮 —— 權衡轉變的得失；
3. 行動 —— 培養意志力來實現轉變；
4. 堅持 —— 用意志力來保持轉變。

為了下定決心，可以為實現自己的目標規定期限。瑪姬‧克林奇是加州的一位教師，對如何使自己臃腫的身材瘦下來十分關心。後來她被選為學務主任，便決定減肥 6 公斤。為此她購買了比自己的身材小兩號的服裝，要在 3 個月之後的開學典禮上穿起來。由於堅持不懈，克林奇終於如願以償。

目標明確

普羅斯教授曾經研究過一組打算從元旦起改變自己行為的實驗對象，結果發現最成功的是那些目標最具體、明確的人。其中一名男子決心每天做到對妻子和顏悅色、平等相對。後來，他果真辦到了。而另一個人只是籠統地表示要對家裡的人更好，結果沒幾天又是老樣子，照樣吵架。

權衡利弊

如果你因為看不到實際好處而對體能鍛鍊三心二意的話,光有願望是無法使你心甘情願地穿上跑鞋的。普羅斯教授對前往他那裡諮詢的人建議,可以在一張紙上畫好 4 個格子,以便填寫短期和長期的損失和收穫。假如你打算戒菸,可以在頂上兩格上填上短期損失:「我一開始感到很難過」和短期收穫:「我可以省下一筆錢」;底下兩格填上長期收穫:「我的身體將變得更健康」和長期損失:「我將失去一種排憂解悶的方法」。透過這樣的仔細比較,聚集起戒菸的意志力就更容易了。

改變自我

光知道收穫是不夠的,最根本的動力產生於改變自己形象和掌握自己生活的願望。道理有時可以使人信服,但只有在感情激發起來時,自己才能真正加以回應。

注重精神

法國 17 世紀的著名將領圖朗瓦以身先士卒聞名,每次打仗都站在隊伍的最前面。在旁人問及此事時,他直言不諱道:「我的行動看上去像一個勇敢的人,然而自始至終卻害怕極了。我沒有向膽怯屈服,而是對身體說 ──『你雖然在顫抖,但還是得往前衝啊!』」結果毅然地衝鋒在前。大量的事實證明,彷彿自己有頑強意志一樣地去行動,有助於使自己成為一個有意志力的人。

磨練意志

　　早在西元 1915 年，心理學家奧利佛・博伊德 - 巴瑞特（Oliver Boyd-Barrett）提出一套鍛鍊意志的方法。包括從椅子起身和坐下 30 次，把一盒火柴全部倒出然後一根一根地裝回盒子裡，他認為，這些練習能增強意志力，以便日後去面對更嚴重更困難的挑戰。巴瑞特的建議似乎有些過時，但他的思路卻給人啟發。例如，你可以事先安排星期天上午要做的事情，並下決心沒做完就不吃午飯。

堅持到底

　　俗話說「有志者事竟成」，其中含有與困難對抗並且將其克服的意思。普羅斯在對戒菸後又重新吸菸的人進行研究後發現，許多人原先並沒有認真考慮如何對付香菸的誘惑。所以儘管鼓起力量去戒菸，依然無法堅持到底。當旁人遞上一支菸時，便又接過去抽了起來。如果決心戒酒，那麼不論在任何場合都不要去碰酒杯。倘若你要堅持慢跑，即使早晨醒來時天下著暴雨，也要在室內照常鍛鍊。

實事求是

　　如果規定自己在 3 個月內減肥 25 公斤，或者一天必須從事 3 個小時的體育鍛鍊，那麼對這樣一類無法實現的目標，最堅強的意志也無濟於事。而且，失敗的後果會將自己再試一次的願望化為烏有。在許多情況下，將單一的大目標分解成許多小目標不失為一種好辦法。打算戒酒的鮑伯在自己的房間裡貼了一條標語 ——「每天不喝酒」。由於把戒酒的總目標分解成了一天天具體的行動，因此第二天又可以再次明確自己的決

心。到了週末，鮑伯回顧自己迎來一系列的「勝利」時信心百倍，最終與酒「掰掰」了。

逐步培養

堅強的意志不是一夜間突然產生的，是在逐漸累積的，還會不可避免地遇到挫折和失敗，必須找出使自己鬥志渙散的原因，才能有針對性地解決。瑪麗第一次戒菸時，下了很大的決心，便以失敗告終。在分析原因時，她意識到需要做點什麼事來代替拿菸。後來她買來了針和毛線，想吸菸時便編織毛衣。幾個月之後，瑪麗徹底戒了菸，並且還為丈夫編織了一件毛背心，真可謂「一舉兩得」。

乘勝前進

實踐證明，每一次成功都將會使意志力進一步增強，如果你用頑強的意志克服了一種不良習慣，那麼就能獲取進行另一次挑戰並且獲勝的信心。每一次成功都能使自信心增加一分，給你在攀登懸崖的艱苦征途上提供一個堅實的「立足點」。或許面對的新任務更加艱難，但既然以前能成功，這一次以及今後也一定會勝利。

● 健康性格的結構

不良性格對人的大腦、內臟及其他器官產生危害。例如，憂鬱時大腦過度抑制，造成免疫功能失調，從而引起營養性功能紊亂，使人體虛弱早衰；發怒時，胃的出口處肌肉驟然收縮，導致胃腸功能紊亂。性格的不同也影響著疾病的變化，癌症不經治療而自行消失大都是性格開朗、無憂無慮的人；高血壓、冠心病會因患者性格急躁、容易激動而加劇，也能因心

境平和、情緒穩定而好轉；胃潰瘍病會由於患者性格憂鬱、焦慮而使疼痛加劇甚至惡變。而性格樂觀開放的人即使得了胃潰瘍，潰瘍面癒合得也較快。性格脆弱者會因一次精神上的打擊而發生精神病；而性格堅強、凡事處之泰然者則不易發病。

健康的性格是生活達到一種除物質滿足後的高生活水準，它能使你的生活變得更加優質。在此介紹一下健康性格的結構：

★ **現實態度**：一個心理健全的成年人會面對現實，不管現實對他來說是否愉快。

★ **獨立性**：一個頭腦健全的人辦事憑理智，他穩重，並且適當聽從合理建議。在需要時，他能夠作出決定並且樂於承擔他的決定可能帶來的一切後果。

★ **愛別人的能力**：一個健康的、成熟的人能夠從愛自己的配偶、孩子、親戚、朋友中得到樂趣。

★ **發怒能自制**：任何一個正常的健康人有時生生氣是理所當然的。但是他能夠掌握尺度，不致失去理智。

★ **有長遠打算，不斷學習和培養情趣**。一個頭腦健全的人會為了長遠利益而放棄眼前的利益，即使眼前利益有很迷人的吸引力。

★ **休息**：一個正常的健康人在做好本職工作的同時，需要並且善於享受閒暇和休息。

★ **對調換工作持慎重態度**：心理健康的人常常很喜歡自己的工作，不見異思遷。即使需要調換工作，也會非常謹慎。

★ **對孩子鍾愛和寬容，對他人的寬容和諒解**：很少有人在性格上是完全健康和成熟的，但是我們應該去培養、去完善，提升我們的生活品質！

● 成功性格訓練法

★ 隨意找到四個你的熟人，問他們對你的印象如何，確定你是否喜歡他們的回答，判斷你為什麼喜歡或不喜歡留給別人的那種印象。

★ 確定一下，如果你是一名演員的話，願意扮演什麼角色，以及你為什麼喜歡這個角色。

★ 選擇任何一個你所崇拜的人，列出他身上那些使你崇拜的特徵和品格。

★ 把第二和第三綜合為你自己所選擇的性格。

★ 改變你的形象、行為、個性中你所不喜歡的東西，強化你所喜歡的東西。

★ 去表現你的新個性。要提醒你注意的是，不要指望很快便能成功地改造自己的性格，還必須以自己性格的本質為基礎。

　　上述性格選擇模式，只是提供一個出發點。失敗型性格的人，要經歷一個極為困難的時期，以積極的態度去設想自己的個性方能成功。這裡提供的模式，將有助於你在發展自我的過程中邁開第一步。

● 心靈的天平

★ **快樂忘憂**：在人生的旅途中對各式各樣的資訊應進行精心的篩選，千萬不要讓那些悲哀淒涼、恐懼、憂慮、彷徨的心境困惑著我們。不要讓那些不愉快的事情及諸多的煩惱籠罩在心頭，失去了前進的動力。

★ **憧憬未來**：不管命運把自己拋向何方，都要盡量泰然處之，憧憬未來總是美好的。

★ **寬以待人**：人與人之間難免有爭吵、有糾葛。只要不是原則性問題，就不妨「糊塗」一點。不要「得理不讓人，無理爭三分」，更不要因一些雞毛蒜皮的小事爭得臉紅脖子粗而傷了和氣。

★ **淡泊名利**：現實生活中有些人把名利二字看得很重，為了達到個人目的常常挖空心思，不擇手段。其實名利猶如過眼雲煙，生不帶來、死不帶去，何苦把它看得那麼重。淡泊名利，海闊天空。

★ **轉移情緒**：如果碰到不順心的事情或與家人、同事發生爭吵，不妨暫時離開現場換一下環境；與朋友談心或參加娛樂活動，有助於沖淡或趕走不良情緒。

★ **拓寬興趣**：興趣是保持良好心理狀態的重要條件。一個人的興趣越廣泛，適應能力就越強，心理壓力就越小。比如，同樣是從主管職位上退下來，有人因無所事事而鬱鬱寡歡，充滿了失落感；有人則感到「無官一身輕」，充分利用閒置時間看書、寫作、繪畫、種花、練書法等。可見，拓寬興趣有助於人們擁有好心情。

● 不要自以為是

爭強好勝，妄自尊大

這種類型的人時刻都希望得到特殊的待遇。希望別人享有的他自己通通享有，並想體會別人給予的了不起的評價、讚揚和熱愛。於是，他就把這個願望「逐步升級」到完美無缺，使之成為近乎不現實的目標，而決心加以追求並付諸行動。結果他認為的「應該」、「必須」、「完全能夠」實現的目標，處處受挫碰壁。這種不和時宜的執拗的嚮往，就像手握著利刃的魔鬼，在一切渴望建立惟我獨尊的形象的人們身邊遊蕩，隨時準備把他

們奢望的雙翼斬斷，使之在失望的折磨下，變成不可掙脫的痛苦的俘虜。

　　與人為善、灑脫寬讓，不處處拗強好勝。人之所以常常產生失望情緒，往往是因為我們經常都將所有人當作競爭的對象，都期望自己壓倒群雄眾豔，以至於自己長期處於高度的緊張狀態。一旦競爭失利，種種失望情緒宛如煙波浩淼般襲來，將自己折磨得死去活來，一蹶不振。其實人之相處，理應以「和」為貴。「志之難也，不在勝人，在自勝。」只要你不把人家看成對手，人家何苦要與你決一雌雄？同時，我們每個人由於所處的時空位置不盡相同，教育程度各有差異，人際關係複雜多變，命運機遇多有區別，別人彼時獲得的幸運，此時自己為什麼也必須獲得呢？也許我們此時正獲得了另一種實現夙願的機遇，為什麼又不去與旁人比較呢？為了免於自行傷害自己的心靈，我們最好只爭取獲得競爭的機會，以從中煥發自身生命的美與力，以得到對於人生來說最具本質意義的幸運，而不是過度關注競爭的結果 —— 那些屬於身外之物的東西。

自以為是

　　日常人際互動中，我們不難發現有些人總是固執己見，心目中只有自己，不喜歡聽取別人的意見，似乎他處處比別人高明，處處要占上風。有這個缺點的人大多是聰明者居多，他想從自己的思想中挖掘出超群的見解，以為如此便可以讓別人信服。其實，這不過是爭強好勝的心理在作祟 —— 簡直不為交往對象留一點餘地，好像要把別人逼迫到窮途末路、無地自容才覺得心滿意足。顯然，這種習慣使他在不自覺中逐漸遠離一切朋友和同事，沒有人願意與他深交，更沒有人願意向他提出意見或忠告。

　　事實上，在日常談話中，我們談論的話題大多數是沒有絕對的是非標準的 —— 至少我們談話的目的是消遣多於研究。既然如此平凡的事實，

既然不是嚴肅地討論問題，大可不必費心作高深莫測的切磋，大可不必在瑣碎的事情上執拗。況且你的「高見」並不一定是對的，而別人的看法也不一定是錯的。如果你能虛心地接受別人的意見，並與自己的想法相滲透，然後在綜合一個新的意見，回饋給對方，那麼你至少有一半是對的。

● 理智從事，不圖一時之快

一位年輕朋友問：「看到有的人朋友眾多，十分羨慕，因為我總是留不住朋友，一些人說我脾氣不好，容易發火，可是我覺得是他們惹我生氣，不得不說上幾句，不說就覺得心裡不舒服。在這種情況下，如何發展朋友關係呢？」

心理專家：你已經處於心理矛盾之中：一方面，你希望有朋友，發展人際感情；另一方面，你容易對朋友發火，有火不發就覺得不舒服，而發火的結果，恰恰會沖淡乃至破壞人際感情。試想，有誰願意整天聽斥責、怒吼而覺得愉快呢？所以，你必須衡量一下兩者的價值，做一下決策：是要朋友和人際感情，還是要發火之後的舒服。如果覺得前者更為重要，那麼就不要為只圖一時的舒服而發火，而應該適時地控制自己的憤怒。交朋友，就要尊重別人，體諒別人的心情，替對方的利益和感受著想。「己所不欲，勿施於人」。對對方有意見可以善意地、開誠布公地告訴對方而不應該發火。當怒氣積累、準備發洩時，一定要及時提醒自己：發洩雖一時痛快，可是會破壞友誼。要記住：「十句話留不住一個人，但是一句話卻會得罪一個人。」這樣，你的憤怒即可能減弱，朋友關係則會增強。

● 給自己留一點空地

不要將孤獨與自閉症混為一談

　　一位高中生給一位編輯寫信：「我原本是個無憂無慮的女孩子，成天跟朋友們說說笑笑，形影不離。可是這半年多我發現自己變了，不願再找朋友了。她們來找我時我也懶得理她們。我喜歡獨自一個人待在屋裡，自己想些心事，看看小說和雜誌。有人說我這樣下去很危險，會得自閉症的，是這樣嗎？」

　　這位學生所談到的事情具有一定的普遍性，也可以說這是青春期男女們經常會遇到的問題。青春期以後，這些注意力有一部分轉向自身，對自己的主觀世界發生了興趣。這時，人們開始了解自己，思考如何提升自己的問題，也就是有了自己的心事。喜歡獨自一人待著就不奇怪了。這種獨處和獨立思考對於一個人的成長是有好處的。只要在獨自一人時不感到孤獨和恐懼，就不是自閉症。

　　心理專家：首先，應該將孤獨與自閉症區分開來。孤獨是一種情緒反映，包括煩惱、寂寞等；自閉症則是一種心理異常，包括在別人面前退縮、羞怯、與世隔絕，而自己獨處時又感到恐懼等。你所說的情況只是一種情緒反映，不是心理異常。事實上，每一個正常人都有孤獨感，這些孤獨感主要是缺乏交往和遇到刺激造成的。有人出高薪請人來做實驗：單獨進入一個小房間，在裡面想待幾天就待幾天。結果，大部分人只待了兩三天就逃了出來，因為耐不住孤獨的折磨。這從反面證明，孤獨是一種缺乏社會交往的表現，有了較多的社會交往，就可以消除孤獨感。

不要以為孤獨的原因只是缺乏交往。

一位年輕人來找心理專家諮詢：「我總是覺得孤獨、寂寞，有一種孤苦伶仃的感覺。為了擺脫這種心境，我時常到外面去交往，而且我是個和合群的人，結交了不少朋友。可是，交往之後我又心情不舒暢，希望趕快脫身離去。這是怎麼回事？」

心理專家：「孤獨是一種情緒失調，它是因人際交往的需求不能滿足引起的。至於人際交往的需求為什麼不能滿足，原因各異，就你而言，表面現象是缺乏交往，實際問題卻是畏懼交往。而這種畏懼交往是因為你的心中存在痛苦。你心情相當憂鬱，害怕在交往中被人窺視自己的缺點，受到嘲笑和冷落。這在你的談話中可以看得出來。所以，我想先幫助你解決憂鬱的問題，著一問題解決了，心情愉快了，孤獨感自然得到緩解。」

● 不要以為感覺都是真實的

一位大學生諮詢

「我是大一的學生，從鄉下考來，從小沒見過什麼世面。來到大學，看到同學們談天說地又羨慕又自卑。很想和他們多多交談，可又怕他們嫌我俗氣，因此只好一個人待著。可是，越是這樣，越是感到寂寞、孤獨。我該怎麼辦？」

害怕被拒絕和冷落，是這位同學不敢與其他同學交談的根本原因，至於這種擔心有沒有道理，可能很少想過。

「我沒什麼可說的，大家不會嫌棄我嗎？」一般不會的。人是合群的動物，天生有接納別人的願望，而且，有些人具有強烈的表現欲，特別喜

歡有人聽自己高談闊論。你去聽，既會讓他高興，又能學到他的口才。慢慢地你也就有話說了。

一位年輕工到心理諮詢處

「我常為孤獨而難受。以前，我也多次試圖跟同學、同事們說話，但又覺得他們冷漠，不尊重我。我想，何必挨別人的冷眼呢，還是自己一個人待著吧！可是這樣一來，我感到更加孤獨了……。」

專家回答：「覺得孤獨、難受，試著與別人交往，排解孤獨感，這樣做是很正確的，希望你繼續做下去。你說別人對你不冷不熱的，不知根據什麼，我想很可能是你的感覺有點問題。你孤獨，迫切希望別人接受你，害怕別人拒絕，因此對別人的反應特別敏感。人家本來是無意識的甚至是好感的表示，你會看作是不冷不熱。再說，你剛剛跟他們接觸，人家對你不夠了解，說話當然不可能像對老朋友那樣親切而隨便，這些也可能被你看作是不尊重的表現。現在，在與人交往時，特別是交往的初期，希望你不要太相信自己的感覺。要堅持下去，達到思想與感情上的溝通，你的感覺就會自然扭轉。」

● 控制情緒的技巧

每個人的情緒都會時好時壞。學會控制情緒是我們成功和快樂的要訣。實際上沒有任何東西比我們的情緒 —— 也就是我們的心理感覺 —— 更能影響我們的生活了。面對下面各種不期而至的惱人情緒，學會調控它，將使你更容易擺脫苦惱，獲得快樂好心情。

傷心

　　人們每有所失 —— 例如友情、伴侶和自尊心等 —— 就覺得傷心。你覺得傷心時，應設法找出失掉的是什麼？這種喪失對你有什麼影響？所喪失的曾經滿足你哪些需求？失掉了今後能在哪裡取得補償？

　　你覺得傷心，而且知道是誰令你傷心，應該怎麼辦，如果可能，就去找那個人當面直說他傷害了你和為什麼你有這種感覺。

焦急

　　人們在恐怕受傷害或有所喪失時就會變得焦急（憂慮、恐懼、緊張）。

　　如果你感覺焦急，就應該設法確定你恐怕喪失的東西是什麼 —— 是不是別人的愛和照顧？是你對境況和對自己本身的控制？還是你自己做人的自尊心和價值感？想一想有什麼能幫助你防止損失，或幫助你準備應變。不要因為想來太可怕而把它撇開。躲避你所怕的事，只能把事情弄得更糟，問題更難解決。

憤怒

　　被人得罪了，人們往往會發怒。你發怒的時候，要自問：「誰得罪了我？怎麼得罪的？我對那個人說了些什麼？我本來要說些什麼？為什麼我沒有說呢？」

　　倘若有人觸怒了你，立刻對他講明，大多數人都會表示歉意而仍要和你繼續做朋友。

內疚

憤怒不能適當發洩，就會掉轉過來進攻你自己。一個人對自己發怒時，他就發生內疚而對每一件不順遂的事都歸咎自己。例如他可能以為自己未臻理想而使人失望。即使他覺得自己太無能而不敢替自己申辯，他還是可能會私下認為別人對他期望太高而憤恨他們。

你如何對付內疚？只要記住大多數內疚來自壓抑的憤怒，而憤怒又是因心靈受傷害而產生的，那麼解決的辦法應該先找出心靈所受的傷害，並找出造成傷害的原因，再把憤怒引回原來它應該發洩的地方。

● 擺脫無聊的技巧

任何人都希望自己經常並永久處於快樂和幸福之中。然而，生活是錯綜複雜、千變萬化的，並且經常發生禍不單行的事頻繁而持久地處於掃興、生氣、無聊、苦悶和悲哀之中的人必然會有健康問題，減損壽命。那麼，遇到心情不快時，應採取什麼對策呢？

★ **轉移思路**：當無聊的事情臨頭時，可暫時迴避一下，努力把不快的思路轉移到高興的事情上去。例如，換一個房間、換一個聊天對象、刻意去做一件事、去見一位朋友或刻意上街去看熱鬧等。「難得糊塗」是用在對待這類既煩心卻又無關緊要的瑣事時，是改善心情再適合不過的好辦法。

★ **向人傾訴**：心情不好時要學會向人傾訴。首先可以向朋友傾訴，這就必須學會廣交朋友。即使面對不很知心的人，學會把心中的委屈傾訴給他，也常常能得到心境立即由陰轉晴之效。

★ **親近寵物**：飼養貓、狗、鳥、魚等小動物及栽植花草等，有時能發揮排遣煩惱的作用。遇到不如意的事時，主動與小動物親近，可使不平靜的心很快平靜。摘摘枯黃的花葉，澆澆菜或坐在葡萄架下品嘗水果都可有效調整不良情緒。

★ **愛好執著**：人無愛好，生活單調，而且與那些有著一兩種令人羨慕的愛好的人相比，心中往往平添幾分嫉妒與焦躁。除少數執著追求自己本職事業者外，許多人能培養自己的業餘愛好。集郵、打球、釣魚、跳舞等都能使人的業餘生活豐富多彩。每遇到心情不快時，完全可以全身心投入到自己的愛好之中。

★ **多舍少求**：俗話說：「知足者長樂」，老是抱怨自己吃虧的人，的確很難愉快起來。多奉獻少索取的人，總是心胸坦蕩，笑口常開。

● 從容面對指責

面對別人的指責特別是大庭廣眾之下的指責感到「忍無可忍」時最好暫時忍耐一下，讓對方把話說完，不管你是否認同，都要聽完後再說。因對方一兩句刺耳的話就按捺不住，激動起來，硬碰硬，這樣不僅解決不了問題，還會把問題鬧僵，將主動變為被動。從容面對指責會有兩大好處：

★ 消除對方的怒氣。一般來說，如果因你的過錯被對方指責，你耐心地接受，他指責完了，怨氣也消了一大半，不會再進行更激烈的斥罵。

★ 讓對方充分表明自己的觀點和態度，如果他的責罵無理，你也能抓住他的破綻，在反擊時擊中要害，使你居於主動地位。

● 學會讚賞他人

　　心理學家說，每個人都渴望著引起他人的注意，其實，這是因為每個人在心底都有一種被認同的渴望。掌握認同別人的技巧，是你人際交往中必修的課程。

★ **認同他人**：有一種人，似乎天生就喜歡和別人對立。這絕對不是表現你的執著或者聰明的好辦法。而且，如果這樣下去，很可能最終成為不受歡迎的人。努力在你的頭腦裡建構一個思考框架，培養一種認同的態度和性格，這樣你就會發現，其實，值得認同的人和事多著呢！

★ **勇敢的開口**：僅僅有認同別人的態度是不夠的，你要讓對方知道。有些人喜歡用點頭的方式來表示，這不是最好的辦法。你應該說一句「是的」，勇敢地直視著對方的眼睛說「您是對的！」

★ **永遠不要爭論**：別人並不總是能讓我們說「您是對的」，有的時候，我們真的無法接受對方。這個時候，不要違心地說「您是對的」，也不要勇敢地說「您錯了」（除非萬不得已）。在任何時候，都不要陷入爭論當中去，即使您是對的。在爭論中，沒有人能夠獲勝。

● 人情和契約如何選擇？

　　「都說現在的社會是商品化的社會，是一個只有契約，沒有人情的社會。如果沒有契約的約束，我們可能早就死了不知道幾次了。」當被問及人情和契約，哪個更重要時，某廣告公司的陳先生就如是回答。

　　「人們常說是天下烏鴉一般黑，東山的老虎會吃人，西山的老虎可也不是吃素的。就說我自己吧！剛從學校畢業時，經人介紹進入了一家廣告公司，當時公司老闆看了看我，只說了一句話，『好好做，公司不會虧

待你的』。現在想想當時自己也真傻，以為人家能夠接納你，已經是很給面子了，更不會去想到底該不該與他們有個書面協議之類的，只曉得傻傻地做。同事不願意去跑的客戶你去跑，別人不想去討的債你去要，當時也根本不懂什麼叫作笨，雖然也很想去問一下自己每月的薪水是多少，轉而想想，剛到人家公司多問這些敏感問題也許會讓人厭煩的。當時的我只知道公司所有的人都能使喚我。辛苦工作了一個月，好不容易撐到了發薪水那一天，眼看著公司其他人一個個被財務叫進去，簽名後開開心心領個信封出來。而我，盼了半天，豎著耳朵聽了很久，都沒聽到有人叫我。那天真的很奇怪，不知為什麼，居然沒有任何人使喚我。當時我想，即使要炒我魷魚，起碼也應該將辛苦一個月的薪水給我以後再說吧！但直到那天下班都沒有拿到屬於我的那份薪水，我不知道工作了一個月的我價值到底是多少，我更不知道明天的我是否還要來公司報到。回家想了一夜，第二天的我還是硬著頭皮準時來到公司，當我鼓起勇氣敲響老闆的門，希望他能給我一個明確答覆時。只見老闆拿出一個信封，對我說，我已經是他們公司的正式員工了，信封裡面是我一個月的薪水……，由於我是被介紹進公司的，由於我是沒有和老闆正式面談過，由於我沒有辦理正式的簽約，所以……而且離開那家公司後才知道，原來公司從沒有幫我投保勞健保。現在的我學乖了。你問我人情和契約該作何選擇，我會毫不猶豫選擇後者。」

　　陳先生可謂是吃一塹，長一智。但問題是無論我們身處在哪種類型的公司，我們不可避免的需要與很多人打交道。如果一味只講契約，不談人情的話，這個社會豈不是變得很冷漠，很可怕了。當然，有了契約可以讓我們有章可循，簽訂了合約可以讓我們有法可依，這樣我們才能保護自己。然而單純將契約看成是枷鎖桎梏，是「一切」行為的準則的話，是不

是又有點過分呢？社會制度的發展是先有人情，才有法制的。事易時移，變法亦移。假如遇上某件事沒有先例，那又該如何是好呢？

不信？周先生的故事會讓你有所感悟。

經過努力，周先生考入了一家大學攻讀在職工商管理碩士。興奮不已的周先生在拿到入學通知時，不由目瞪口呆，學校方面安排的課程居然是需要占用半個工作天的。而周先生所在的公司從來都沒有讓員工每週半天外出讀書的先例。同事聽到周先生要讀研究所後都力勸他放棄這個想法。因為公司原先有位職員由於同樣的情況，公司方面竟然無理由地將此人革職。資遣的通知上居然還如此聲稱：因為我們是公司，不是學校。

幸好，周先生沒有輕易放棄，他反而積極和主管商量，請他提供建議，最終的結果當然令周先生十分開心。你能說，人情的力量是微不足道的嗎？

其實，人情和契約本沒有互不相容的地方，需要人情是因為有時我們個人的力量十分有限，我們渴望得到交流和幫助，我們也盼望得到理解和關心，除卻了契約冷漠、冰涼的面紗，我們看到是人與人之間的相互支援和關愛。我們同樣也需要契約，是因為有了契約的約束，才會有我們信心的保證。有了契約的規範，才會有我們安全的保障。兩者之間，又如何能分伯仲呢？

● 過濾社交難題

社會的變遷比火車跑得還快，你隨時會遇上各種不同的棘手情況，但卻不知如何去應付。本文請禮儀專家提供破解招式，教你不再說錯話。

★ 如何告訴朋友或同事，你不想透露你的薪水？

可以覷睨、狡猾或是輕鬆地回應。對詢問薪水的答覆可以有：「跟你

差不多」、「夠我生活的」、「少得不好意思拿出來談」、「多得我怕你會覺得難過」或是「有些事我連我父母都不透露」。而且特別是在職場一定要守口如瓶，否則會很容易得罪人，因為總有人覺得工作比你認真，該得到的比你更多。

★ 如果不想說出你的年齡怎麼辦？

微笑、改變話題或是將矛盾轉向，回問：「你為什麼想知道？」但切記沉默比謊報年齡好。如果你想讓逼問年齡的人住口的話，你就不妨過去低聲地問他：「你能保密嗎？」通常對方會回答「當然」，於是你回答：「我也能。」

★ 別人有偏見或講話尖酸刻薄，該怎麼辦？

把他當成無知，或是把他拉到一邊說：「你人這麼好，不應該說這種話。」再不然，你就直截了當地說：「你這樣說冒犯到我了。」記住對於這類人，千萬不要不吭聲，除非那個心胸狹窄的人是你的上司。

★ 在工作上不能和比你年輕又級別較低的男人發生戀情？

不管是誰級別高，辦公室戀情只會讓你名聲受損。絕不要為了感情賠上工作，就算是真愛，也不要以為小心翼翼就可以免於流言、嫉妒和喪失工作。切記在發生感情前，男人要慎重考慮，女人更是要三思，因為如果有差錯，通常都是她吃虧。

★ 朋友或熟人做了整形手術，你要如何讚美他們？

我發現朋友原先突出的腹部變得像名模的一樣平坦，好奇嗎？不要問，就說她看起來很好看，也不要要求看她手術後的疤痕，因為他們花了錢又忍受了疼痛，只希望聽到有人說他們變得美極了。

★ 如何讓長輩親友不再為你的婚事來煩你？

禮儀專家建議：告訴他們單身愉快，你也高興他們把你教養得獨立自

主；再補充說他們一直問你結婚的事讓你很困擾，如果這樣還不能使他們住嘴的話，那就直接改變話題。

★ 若你的好友問你對她未婚夫的感覺，而你其實很討厭他，該怎麼回答？

女人多會選擇她深愛的人，不見得理會朋友的意見，所以先給她未婚夫一次機會，你也許會漸漸喜歡他；如果沒有，就別再發表任何意見，除非他是罪大惡極。你只能說：「看到你快樂我很開心。」說其他的話都很冒險。

★ 朋友被炒魷魚該怎麼辦？

真心的朋友不會被刺探消息，他們只會溫馨地問候，用讚美、晚餐或是做任何能振奮精神的事，同時幫朋友遞履歷表、提供工作機會並且傾聽她的心事，千萬不能落井下石，即使你知道正是她的哪個缺點導致被炒魷魚，也不應這個時候說，等她重新站起來，再指出。

● 教你如何看得開

人在各個年齡階段，對人生、社會的看法總會有些差異，這大約是隨著歲月流逝，坎坷、曲折接踵而至，在碰撞、磋磨中，時有新的心得、感悟，重新審視人生，先前的觀點得以不斷修正。不少人年輕時雄心勃勃，夢想如彩雲繽紛，到了中年，銳氣已失，稜角磨平，遇事便實際而少幻想，平和而少偏激。難怪中年朋友談論人生，大多一副看得開、悟得透的神情和語氣。我的一位同鄉年過不惑，雖無一官半職，公司又屬清水衙門，卻對自己的一切都十分滿意。在一次閒聊中，他說：人生只有短短幾十年，何必太計較得失進退？一切看開一些，少些欲望，也就少些失望，多些滿足。你看我雖地位低微，不也活得很好？

我相信他並非無奈而故作輕鬆語，確實是對生活中事看得開，因為他工作兢兢業業，對人熱情大方，隨時都笑容可掬。

看得開多是中年以上的人，承受了諸多磨難，邁過了無數門檻，曆煉既久，又比較了許多別人的人生，才進入練達的境界。古人也看清了這種現象，得出「四十而不惑」的結論。一個社會無論個人怎麼奮鬥，結果是造就一個金字塔，越往上人越少，底層的總是多數。身處底層，並不說明你就無能，更不說明你無德，誰也不一定掌握得住自己的命運，這取決於許多主客觀條件。但生活的態度卻是可以由各人選擇。

「看得開」說起來輕鬆，實行起來卻不容易，因為現實的誘惑，是難以抵擋的。哪怕你有多高的道德修養，修煉得如何老到，你畢竟是食人間煙火的凡人。無論哪個社會，都充斥著不公平，不公平事落到你頭上，你就會心理不平衡，就可能夜晚在床上輾轉反側，久不成寐。要使心理平衡，最終還得靠「看得開」這報槓杆來調節。

然而，看得開並非徹底看透人生。把人生看得太透，從生到死，一覽無餘，人生就變得毫無「滋味」，甚至生和死都可以劃等號了。那些自殺的人，大概就是把生等同於死，才結束自己的生命。行將就木的老人，生了病也要治療，哪怕氣若游絲，一陣微風就能吹滅，也盡力推遲死神的降臨。乞丐飽受凍餒，喪盡尊嚴，而他們行乞，正是要活下去。可見，把人生看得太透的，畢竟是少數。

有一種現象貌似看得開，其實是對人生的意義什麼也看不見。其表現是，生活中渾渾噩噩，百無聊賴，得過且過。本來人有多種需求，最基本的有二：一是生存需求，即物質的欲望；一是受尊重需求，即精神的欲望。人在正常環境中都想用努力工作來改善自己的生存條件，使物質生活精神生活更好。魯迅說：「不滿是向上的車輪。」名和利掌握在一個適當

的度，可以成為一個人奮發向上的內驅力。人人消極頹廢，和人人瘋狂爭名奪利一樣，都是不健康的社會現象。倘若「十億人民八億賭，還有兩億在跳舞」，誰來創造物質文明和精神文明？社會怎麼能夠高速發展？個人的生活品質又如何得到提升？

那麼，究竟應該如何看待人生呢？我們可以從戴面紗的阿拉伯少女得到啟示。人們都說，截面紗的阿拉伯少女很迷人。其實並非她們個個天生麗質，面紗一方面掩蓋了她們臉上的瑕疵，一方面使她們的五官顯得格外柔和，甚至蒙上神祕色彩，產生出引人遐想的朦朧美。如果沒有面紗，她們的面部看得一清二楚，多數會令人失望。但她們臉上不能蒙布，蒙上布是什麼也看不見的，她們會毫無生氣、沒有個性，缺了讓人想像的基礎和空間，更談不上美感。看待人生，也應隔著一層面紗，時時產生美好的遐想，總有目標在吸引自己走下去，又不糾纏於眼前的得失。這面紗便是看得開。

看得開不是因無望而消極沉淪，自我麻醉，更不是因絕望而死同於生，而是對生活的熱愛消融了諸多不如意，始終保持開朗的心境。

看得開，雖是個人對待生活的境界，也和社會環境密切相關。一個健康社會，應該讓人既對名利看得開，又對人生充滿希望，讓大家尤其有據有才者有施展德、才的機會和環境。這樣的社會，也才有活力，有前途。

● 附錄

測驗你的人際關係

1. 我所以打算結識人，交朋友的主要動機是 ──

    A. 我認為朋友能使我生活愉快。

    B. 朋友們喜歡我。

    C. 朋友能幫助我解決問題。

2. 每當到一個新的場合，我對那裡不認識的人總是 ──

    A. 能很快記住他們的姓名，並成為朋友。

    B. 儘管也想記住他們的姓名並成為朋友，但很難做到。

    C. 喜歡一個人消磨時光，不大想結交朋友，因此不注意他們的姓名。

3. 你和朋友交往時持續時間多是 ──

    A. 很久，時有來往。

    B. 有長有短。

    C. 根據利益變化，不斷棄舊更新。

4. 你對曾在精神上、物質上諸多方面幫助過你的朋友總是 ──

    A. 感激在心，永世不忘，並時常向朋友提及此事。

    B. 認為朋友間互相幫助是應該的，不必客氣。

    C. 事過境遷，拋在腦後。

5. 在我生活中遇到困難或發生不幸的時候 ──

　　A. 了解我情況的朋友，幾乎都曾安慰幫助我。

　　B. 只是那些很知己的朋友來安慰我，幫助我。

　　C. 幾乎沒有朋友登門。

6. 你和那些與你氣質、性格、生活方式不同的人相處的時候總是 ——

　　A. 適應比較慢。

　　B. 幾乎很難或不適應。

　　C. 能很快適應。

7. 對那些異性朋友、同事，我 ——

　　A. 只是在十分必要的情況下才去接近他們。

　　B. 我幾乎和他們沒有交往。

　　C. 能與他們接近，並正常交往。

8. 你對朋友、同事們的勸告、批評總是 ——

　　A. 能接受一部分。

　　B. 難以接受。

　　C. 很難接受。

9. 對待朋友的生活、工作諸多方面我喜歡 ——

　　A. 只讚揚他（她）的優點。

　　B. 只批評他（她）的缺點。

　　C. 因為是朋友所以既要讚揚他的優點，也要指出不足或批評他的缺點。

10. 在我心緒不好、工作很忙時，朋友請求我幫他（她）——

　　A. 找個藉口推辭。

B. 表現不耐煩斷然拒絕。

C. 表現有興趣，盡力幫忙。

11. 我在穿針引線編織自己的人際關係時只希望把這些編入 ──

A. 上司、有權勢者。

B. 只要誠實、心地善良。

C. 與自己社會地位相同或低於自己的人。

12. 當我生活、工作遇到困難的時候，我 ──

A. 向來不求助於人，即使無能為力時也是如此。

B. 很少求助於人，只是確實無能為力時，才求朋友幫忙。

C. 事無巨細，都喜歡向朋友求助。

13. 你結交朋友的途徑通常是 ──

A. 透過朋友們介紹。

B. 在各種場合接觸中。

C. 只經過較長時間相處了解而結交。

14. 如果你的朋友做了一件使你不愉快或使你傷心的事，你 ──

A. 以牙還牙地回敬一下。

B. 寬容原諒。

C. 敬而遠之。

15. 你對朋友們的隱私總是 ──

A. 很感興趣，熱心傳播。

B. 從不關心此類事情，甚至都沒想過，即使了解也不告訴旁人。

C. 有時感興趣傳播。

計分表

	A 選項分數	B 選項分數	C 選項分數
試題一	1	3	5
試題二	1	3	5
試題三	1	3	5
試題四	1	3	5
試題五	1	3	5
試題六	3	5	1
試題七	3	5	1
試題八	3	5	1
試題九	3	5	1
試題十	3	5	1
試題十一	5	1	3
試題十二	5	1	3
試題十三	5	1	3
試題十四	5	1	3
試題十五	5	1	3

評析與贈言

★ 15 ～ 29 分：人際關係好。你能仔細思考周圍環境和他人的情緒，而後決定行動。即使對那些討厭的事情，如有必要的話也能控制感情，適應環境，你是一個深得朋友喜歡的人。

★ 30 ～ 57 分：人際關係尚可。總的看你的人緣還算可以，你也有不少

朋友，平時和他們相處得也不錯，這是你的成功，但關鍵時刻他們可能疏遠你。

★ 58～75分：人際關係較差。你缺少交往，顯得有些落落寡合，當然這並不一定是壞事。因為人各有志，也許你認為一個人消磨時間更幸福。不過你要注意健康，有些疾病特別是心理疾病襲擊的對象首先是那些孤獨者；如有興趣不妨走出狹窄天地，廣交朋友，從朋友那裡找到歡樂和溫馨。

測驗你是否善於與人交談

1. 你是否認為那些喜歡交談的人是膚淺和不誠懇呢？
   A. 不是　　B. 有時是　　C. 是

2. 你是否覺得「跟他多講幾句也沒意思」？
   A. 不是　　B. 有時是　　C. 是

3. 你與人講話時，是否讓人認為缺乏坦誠與熱情？
   A. 不是　　B. 不知道　　C. 是

4. 你是否能對自己的知心朋友談自己的心事？
   A. 有時　　B. 不能　　C. 是

5. 你說起話來是否東拉西扯，漫無邊際，以致使對方不知所云？
   A. 有時　　B. 是　　C. 不是

6. 你是否時常避免表達自己的感受，因為你認為別人不會理解。
   A. 有時　　B. 是　　C. 不是

7. 你打開話匣子後，是否只願自己一個人講，不給對方談話機會，甚至把一己之見強加於人。

A. 是　　B. 不是　　C. 有時

8. 當有人與你交談時，你是否隨便打斷對方談話，搶接對方話頭，擾亂人家思路？

A. 是　　B. 不是　　C. 有時

9. 在不了解對方對某一問題是否熟悉，是否有興趣時，就連珠炮似地向對方發問？

A. 是　　B. 不是　　C. 有時

10. 你是否有意無意地貶低別人，抬高自己，或過多的對不起在場的第三者加以議論？

A. 是　　B. 不是　　C. 有時 A　是。

計分表

	A 選項分數	B 選項分數	C 選項分數
試題一	1	3	5
試題二	1	3	5
試題三	1	3	5
試題四	3	5	1
試題五	3	5	1
試題六	3	5	1
試題七	5	1	3
試題八	5	1	3
試題九	5	1	3
試題十	5	1	3

評析與贈言

★ 12 ～ 18 分：善於交談，將因此而獲益，但要注意坦誠，講短話，盡力避免戲劇性地表現自己。

★ 19 ～ 39 分：交談能力尚可，還望拓展思路，發覺更多的話題。

★ 40 ～ 50 分：交談能力差。你暫時還是一位不善於交談的人，不過這也不要緊，只要建立信心，再注意些技巧，局面就會打開。

事業成功篇

● 先入為主 —— 談談第一印象

「良好的開端是成功的一半」。人際交往的開端 —— 第一印象,同樣會決定一個人的交往「命運」。第一印象是在人際交往中得到的關於對方的最初印象,第一印象的好壞往往決定交往的成敗。成語「先入為主」就是對第一印象所發揮作用的最好概括。

第一印象為什麼會有「先入為主」的作用呢?因為第一印象一經形成,就等於給這個人貼上了一個標籤,我們以後再看他的時候,就不會象第一次看見他的時候那樣不帶任何偏見,而是有了一定的傾向性,我們也不會去注意所有的資訊,而是傾向於尋找那些與我們已經形成的第一印象相符合的資訊,即使碰上與之相矛盾的資訊,我們也往往會尋找藉口,「自圓其說」。因此,如果一位老師的第一節課講得很成功,以後即使他講得不太好,我們也會為他尋找藉口,比如「沒有時間備課」等等;而如果這位老師第一節課上得很糟糕,以後他講得再好,學生也有可能認為是「碰巧而已」。

雖然人們都知道「路遙知馬力,日久見人心」的道理,也知道僅憑第一印象來判斷一個人,難免會出現錯誤,尤其當對方為了某些目的而刻意掩飾的時候更是這樣。但即使如此,人們在人際交往過程中卻總也免不了要受第一印象的影響。《三國演義》中鳳雛龐統當初準備投奔東吳,於是去面見孫權。孫權見到龐統相貌醜陋,心中先有幾分不喜,又見他傲慢不羈,更覺不快。最後,這位廣招人才的孫仲謀竟把與諸葛亮比肩齊名的奇才龐統拒於門外,儘管魯肅苦言相勸,也無濟於事。而孔門弟子子羽也曾因為其貌不揚而被有「聖人」之稱的孔子視為「才薄」,「不堪造就」,後來子羽離魯南遊,講授儒學,從學弟子達 300 人,聲名大躁,孔子才感

嘆不已：「以貌取人，失之子羽」。眾所周知，禮節、相貌與才華絕無必然連繫，但是禮賢下士的孫權和素以善於識人而著稱的孔子尚不能避免這種偏見，可見第一印象的影響之大！

新官為什麼總想燒好上任之初的「三把火」？想要建立威信的人也總是喜歡給別人來個「下馬威」？不為別的，只因為第一印象所具有的「先入為主」的作用！我們在人際交往過程中，如果希望獲得友誼、取得成功，就千萬不要忘了照照鏡子，留心自己的舉止，給別人留下一個良好的第一印象！給人以良好的第一印象。該怎麼做呢？主要應該做到：禮貌待人，主動熱情；積極求同，縮短距離；了解對方，記住特徵。

★ **禮貌待人，主動熱情**：禮貌待人首先要求用語禮貌，使用「請」、「謝謝您」、「對不起」等等這些日常禮貌用語既是對別人的尊重也是對自己的尊重。其次是舉止得體，坐有坐相，站有站姿，不忸怩作態也不隨意放肆。主動熱情要求在交往中表現為喜歡、讚美和關注他人。同時良好的衛生習慣、機靈勤快也能給人留下深刻的印象。

★ **積極求同，縮短距離**：人際交往中有個重要的原則：相似性原則。雙方只要在興趣、愛好、觀點、志向，甚至年齡、籍貫、服飾等方面有相同之處，往往可以縮短彼此間的距離，改變陌生感。常言道：親不親，故鄉人；美不美，故鄉水。異邦遇同鄉，他地談故里。初次交往中積極尋求接近的共同點，會給人留下良好的第一印象。

★ **了解對方，記住特徵**：與人初次交往之前，如有可能要盡量了解對方的情況，作為相識和交談的基礎。譬如你了解到對方喜歡養花，那麼你就可以在談話時說些有關養花的逸聞趣事，對方一定對你的談話感興趣。

了解對方，記住特徵，其中最重要的是很快弄清楚並記住對方的姓名、任職公司和職務。這往往是你對別人是否重視和感興趣的表現。

戴爾·卡內基在《如何贏得朋友》一書中寫道：「一個人的姓名是自己最熟悉、最甜美、最妙不可言的一種聲音。」在初次交往中應充分利用這一點。

● 不要壓力要動力

我們常說「人無遠慮，必有近憂」。壓力是無時無刻的存在我們的四周。每一個人都有壓力：例如青少年時，以課業壓力為主；到成年人時，有家庭和工作的壓力；邁入老年期，以退休、孤單、面臨死亡為壓力。

角色的扮演不同，壓力也不盡相同，當老師和當學生的壓力不同；做主管和做員工的壓力不同；身為父母和身為孩子的壓力不同，而一個人往往是身兼數種角色，集數種壓力於一身。

如何應付生活壓力？是現代人所關心的重要課題，這裡提供一些小偏方，讓大家參考：

★ **別為小事抓狂**：我們經常為一些小事抓狂，其實仔細想一想：這些都不是真的什麼大不了的事，我們只是專注在一些小問題上，把問題過度放大了，浪費寶貴的力氣為小事抓狂，當然就無故憑添了許多壓力。

★ **小心你的想法滾出雪球效應**：越是全神貫注在令你心煩的細節上，你就覺的越糟糕，思緒一個接著一個，直到你變得焦慮到不可思議的地步。即時打住，防患未然，並且要察覺自己的情緒，不要被情緒低潮所愚弄，完全以負面來看待周圍的人事物，如此一來，小小的壓力，可能瞬間就變成巨大的壓力。

★ **練習放鬆數到十**：當你感到生氣時，長長深深的吸一口氣，同時大聲對自己數一，然後在吐氣時放鬆全身，數二至十重複這個步驟。當你數完時，氣也全消了，這個方法幫助我們把大事化小，壓力也就消失於無形。

★ **你會變成你最常練習的樣子**：如果我們常在生活中表現出生氣、憤怒、焦慮不安，我們的人生可能就會反映出這類練習的結果，「相由心生」就是這個道理。相反的，若是我們平常練習有耐心、放輕鬆、肯學習、積極樂觀的態度，即使面臨壓力，也能以所練習的結果，從容應付，化解壓力。

生活中有各式各樣的壓力，我們沒有辦法去選擇承受那一種壓力，但是我們可以決定，用那一種方式去面對壓力，解決壓力，聰明的你會怎麼做？

● 跳脫自己的思考模式

人一旦形成了習慣的思考模式定勢，就會習慣地順著固定的模式思考問題，不願也不會轉個方向、換個角度想問題，這是很多人的一種愚頑的「難治之症」。

比如說看魔術表演，不是魔術師有什麼特別高明之處，而是我們的思考過於因襲習慣之勢，想不通，所以上當了。比如人從綁緊的袋裡奇蹟般地逃脫出來，我們總習慣於想他怎麼能從布袋綁緊的上端出來，而不會去想想布袋下面可以做文章，下面可以裝拉鍊。

在生活的旅途中，我們總是經年累月地按照一種既定的模式運行，從未嘗試走別的路，這就容易衍生出消極厭世、疲遲乏味之感。所以，不換

思路，生活也就乏味。

很多人走不出思考模式，所以他們走不出宿命般的可悲結局；而一旦走出了思考模式，也許可以看到許多別樣的人生風景，甚至可以創造新的奇蹟。因此，從舞劍可以悟到書法之道，從飛鳥可以造出飛機，從蝙蝠可以聯想到電波，從蘋果落地可悟出萬有引力……常爬山的應該去涉涉水，常跳高的應該去打打球，常划船的應該去駕駕車，常當官的應該去為民。換個位置，換個角度，換個思路，也許我們面前是一番新的天地。

● 提升你的魅力指數

魅力所指，並不單純是美貌等外表，而更含有生活態度、為人處世、個性品位等因素。即使你缺乏天生麗質，也可以成為魅力十足之人士。

★ **保持適度個性**：人云亦云、亦步亦趨雖然安全，卻讓人感覺不到你的存在，久而久之人們也就不在意你的意見了。當然你不需要處處出人意表來吸引注意力，但自己的風格卻不能被大眾意見所抹殺。

★ **體現時代特徵**：太過前衛與太過落伍如果不是本性使然，是非常做作的表現，不適合商務人士。你要做的是既體現出時代精神，但又不被其中的異類所迷惑。

★ **表現本色自我**：只拿最好的一面給別人參觀吃力不討好的。何況，沒有什麼比自然更能讓人親近的了。大方的舉止和自然的微笑使人如浴春風，可比故做高雅更受人尊重。

★ **言語風趣幽默**：在平凡的生活中總有令人興奮之處，而發現它們並和大家一起分享的你常常是最受歡迎的友人。就讓你的智慧和風趣為生活帶來一點亮色吧！

● 距離形成權威

沒有距離感就難以建立權威

要想成為領袖就要作好忍受孤獨的心理準備。法國的夏爾‧戴高樂（Charles de Gaulle）曾說：「偉大的人物必然會與別人產生距離，因為沒有威信就不能建立權威，沒有與世俗的距離就不能產生威信。」

上司為順利展開工作而注重同下屬保持親密關係固然重要，但一定要避免與下屬私交過密。因為這種人與人之間的感情往往束縛人的心靈，從而使你對下屬難以採取公事公辦的態度。比如前一天晚上剛剛在一起傳杯換盞的下屬第二天卻遲到了，對此上司會在責備與默許之間左右為難。對下屬的過度信任，會使你在某些事情上難以作出客觀的判斷甚至會輕易地聽從下屬的主張。一旦與下屬失去距離感必然會難以隨意支配下屬。由此看來可以說，人原本就是孤獨的。

建立權威的物理距離 ──「私人空間」

以上講的都是有關上司與下屬之間的心理距離，那麼有沒有建立權威的適當的物理距離呢？

人一旦進入對方的「私人空間」都會強烈地意識到對方的存在並在心理上感到一種無形的束縛。私人空間就是指別人接近時自己會呼吸困難或感到不快和抗拒感的距離或空間。它也是一種「自我的延伸」，即圍繞在身體周圍的空間，一般在以身體為中心、半徑為 50cm 的前部稍長的橢圓形球體範圍內。

一個人的威懾力越大，其私人空間的作用也就越強。例如在公司被總經理叫到辦公室與他直接對話時，一般人都會緊張得難以保持常態。這就

是因為進入總經理的私人空間後產生了心理壓力。

在猴子的王國裡也有這種「私人空間」。發現食物後猴王和眾多的母猴就會一起圍坐在食物旁邊進餐，而年輕的公猴只能躲在角落裡等待吃飯。可以說這個空間就是猴王的私人空間，年輕的公猴只要一接近這個空間就會遭到猴王的攻擊。

● 競爭是一種本能

利益衝突面前，人們即使鬥個兩敗俱傷也不願意讓別人比自己多得一點好處，因為競爭是人類與生俱來的一種本能。

達爾文指出，「適者生存」、「優勝劣汰」是適用於萬物的普遍法則，從體能上來說，人類並不象有些動物那樣具有自我保護的能力，然而，相對弱小的人類卻能夠繁衍至今，無疑應該給人類的競爭精神記上一筆大功。競爭是人類與生俱來的一種本能。

競爭並不只在人們明顯意識到的情況下才會產生。社會心理學家曾經做過一個關於騎自行車的有趣的實驗，得到了這樣的實驗結果：

單獨一個人騎車時，平均時速為每小時 25 公里；有人跑步伴隨時，平均時速為每小時 31 公里；和其他人騎車競賽時，時速為每小時 32.5 公里。心理學家認為，造成這種巨大差距的原因，就是他人的存在導致了競爭，雖然有很多人在參與實驗的過程中並沒有明確意識到這一點。

競爭的產生，主要是由於利益的驅使。當相互之間發生利益衝突時，人們都希望自己超越別人，因而面臨利益衝突時總是力圖戰勝別人，損人利己在所不惜；有時為了保別人不超過自己，甚至選擇損人又不利己的做法；很少有人會選擇利己利人的行為，幾乎沒有人能夠始終如一的選擇損己利人的行為。

心理學家設計了很多巧妙的實驗，但都證明了這樣一個道理：如果不特別強調合作，人們在面臨抉擇時一般都會首選競爭，即使在雙方有共同利益的情況下也是如此。

有這樣一個實驗：讓參與實驗的大學生兩兩結合，分別在 X 和 Y 之間進行選擇，但不能進行商量。條件是這樣的：如果雙方都選擇 X，則每人各得 10 分；如一方選擇 X，一方選擇 Y，則選 X 的人扣 15 分，選 Y 的人得 15 分；如果兩人都選擇 Y，則兩人都扣掉 5 分。顯然，雙方都選 X，這是最佳選擇，對雙方都有利；但由於不能進行商量，雙方都不知道對方會選什麼，如果自己選 X，就有可能冒失去 15 分的威脅，雙方的差距將達到 30 分。因此，為了保證自己不比別人差，只能選最穩妥地策略，也就是選擇 Y。而實驗結果顯示，絕大多數實驗參與者都選擇了對自己最為有利的。

● 巨人思想與矮子行動 —— 自我聖化心理

一個人把自己構思成理想的形象，是因為他不能容忍自己的真實形象。自我美化、自我聖化，顯然可以用來抵消其不美的真實形象。但是，一旦把自己抬得過高以後，便不能容忍真實的自我，甚至還會引起惱怒和自我鄙視，並且因為自己達不到那種要求而會煩躁不安。於是，他們動搖於自我欣賞和自我歧視之間。想像中的自我與真實的自我使他們左右為難。並且這種矛盾和衝突削弱了他的能力，使之成為思想的巨人、行動的矮子。

每一個認真對待生活與自己的人偶爾都有一人獨處的要求。渴望一種富有意義的孤獨，絕不是精神官能症的表現。相反，多數精神官能症患者不敢深人到自己心靈的內部，從而失去了享有建設性孤獨的能力。只有當

一個人與他人的關係出現了難以忍受的緊張，而孤獨主要是為了迴避這種緊張時，想獨處的願望才是精神官能症的表現。

　　他不會對一般人和事表示興趣與親近，他在心裡是鄙視他人的，總認為一般人都是無價值的。而這一種想法，更加固化了他自己是個「超人」、「思想家」的想法。

　　精神官能症患者往往是自尊心特別強烈的人。如果發現別人並沒有特別地看待他們，他們就會惱羞成怒，覺得自己的「獨特」被剝奪了。要他們與現存的社會行為準則或傳統價值觀保持一致，是他們難以忍受的。在這裡，他們的錯誤在於把獨立本身看成了目的，而忘記了一個事實：獨立的價值最終有賴於能夠幫助人做些什麼。他們的獨立，其實不是為「立」，而是為離群。這種離群的動機是消極的，帶著逃避性質的。

　　在任何情況下，絕對的「我行我素」都是不現實的，人需要受一定的制約。「我行我素」其實是一種失敗主義，是對現實、對發展、對成功的一種逃避。

　　我們的行為和心態在很大程度上取決於我們的生活環境，取決於不可分割地交織在一起的教育程度與個人成長背景。如果我們未能了解某一特殊環境對個人發生的種種影響，就不可能理解個人的人格結構。正是個人主義與集體主義的矛盾，不斷被刺激的享受需要與實際上並不能得到滿足的矛盾，個人的自由意志與其實際受到的限制的矛盾，使個人在多元的價值與道德標準面前左右為難，無所適從。那些心理缺陷者便不得不以不真實的追求與幻想來代替真實的自我失利，以獲得暫時的安全感與「自我安慰」，這便是產生精神官能症的前提與基礎。認知到了這一點，也許對我們每一個人自覺調整不良心態、維護心理健康，是有著積極的意義的。

● 柳暗花明 —— 逆境帶來新生

依賴別人的力量是不夠的，希望是屬於你自己的力量 —— 當你遭遇逆境時，希望讓你有力量反擊。

希望是人類思想中積極、重要而且必須的一部分，希望不僅給我們力量，讓我們撐過困境，更可扭轉逆勢。希望不僅讓生命變得容易承受，更讓它變成一場精彩的球賽，人人都想再打一次 —— 贏得勝利！

存在主義哲學家尚 - 保羅・沙特（Jean-Paul Sartre）曾說：「人類的生命就是從絕望的另一個極端展開的。」我們做得到的 —— 而且也常常是這樣的狀況。當我們身處最惡劣的環境，面臨終極的絕望時，我們沒有別的選擇，只能擁抱真理，昂首前望，開始爬出深淵。莎士比亞也說：「逆境也有好處，就像醜陋有毒的蟾蜍，頭上還頂著一顆寶石呢！」

很難教人相信我們也可以從逆境中學習，不過，逆境的確是我們最好的老師。想一想，我們可以從逆境學到什麼東西呢？

★ **讓我們的眼界澄清**：逆境強迫我們去正視自己的生活與生活型態，要我們放棄過時的、不合適的希望、沒有結果的愛情，去擺脫阻止我們前進的依賴心理，更要摒除那些除了滿足自我以外，毫無用處的自欺欺人想法。

★ **讓我們以全新的方式成長**：暴風雨比起晴空萬里，當然更能喚起人們的警戒心。從內心深處，我們會發現更多的耐心、毅力、勇氣以及意志。即使我們確定已經沒有資源可以利用時，仍然可以再發掘出另外的力量。試試看吧！

★ **讓我們體會同理心的可貴**：沒有人會比那些了解無家可歸之苦的人，更願意打從心底去幫助無家可歸者，只有曾受難的人才能深切體會其

中的痛。挫敗帶給我們的，是非常可貴的憐憫心。

★ **教導我們普遍的真理**：生命本來就不公平：人們總是太早離開人世；彼此相愛的戀人總是因爭執而分離；大企業集團總是併吞小公司，讓無辜的職員飽嘗失業之苦；學校活動時總是由其他人出風頭。我們小時候總是天真地以為生命應該是無憂無慮，正義總能贏得勝利 —— 唯有讓我們早一點認清事實並非如此，我們才能享受較輕鬆的人生。

★ **當我們認真思索逆境的意義，便能朝上帝之路而行**：好運很少會驅策人們去思索人生的意義，人性就是這樣，總覺得自己的厄運是受一股不知名的力量在操縱著。我們可能會埋怨那崇高的力量 —— 但是當我們埋怨的同時，不也就承認上帝的存在！一種陌生的精神動力運作著：我們向上帝抱怨後，便開始尋求他的協助，讓我們脫離困境 —— 就這樣，我們找到通往未來的大道。

● 同事之間相處的「藝術」

一個人自從來到這世上，注定就不可能孤立的生存著。小時候有父母、親人；上了學有老師、同學；踏入社會有同事、朋友。而今天談論的主題是：同事之間的相處。

真誠相待、勤學為主

記得一位同學曾經向我透露：他說，找工作他既不擔心實力、也不害怕沒有機遇、最煩惱的反而是人際關係。這種擔憂從另一個側面反映了當代大學生對社會關係的隱憂，因為職場與學校畢竟文化相差較大。但就我個人的求職感受而言：這個社會也許不像你想像得那麼美好，但也絕不像

有人說的那麼險惡。所以說，對於初來匝道的畢業生而言，不要有什麼顧慮。只要你本著：真誠待人、勤學為主的原則，相信可以為你開拓較為良好的人際局面。當然，因為初來，同事對你的感覺還比較陌生，可能有一些人會產生自卑的感覺，好像覺得自己是局外人一樣。這點可以理解，但不應成為你的負擔。你可以透過自身實力展現自己，並使自己儘快融入工作氛圍中。這裡尤其得提到勤學。勤學包括兩層含義：一是勤快、二是肯學習。尤其是前者，比如說：你提前半個小時處理好清潔衛生。同時，你應透過學習，儘快掌握技能並熟悉公司業務。如果你在工作中遇到困難，自己應思考在先，實在不明白的，可以請教同事。注意：不要忘了道謝。如果你能在工作中表現出良好的個人修養和品格，相信會給同事留下較好的印象。

加強溝通、展現實力

　　工作是一大機器，員工就好比每個零件，只有各個零件凝聚成一股力量，這臺機器才可能正常啟動。這也是同事之間應該遵循的一種工作精神或職業操守。其實生活中不難發現，有的企業因為內部人事鬥爭，不僅企業本身「傷了元氣」，整個社會輿論也產生不良影響。所以身為一名在職人員，尤其要加強個體和整體的協調統一。因為員工身為企業個體，一方面保有自己的個性，另一方面，應該設法適應並融入團體，且大部分建立於人的協調和統一。所以，無論自己處於什麼職位，首先需要與同事多溝通，因為你個人的視野和經驗畢竟有限，避免「獨斷獨行」的印象。況且，隨著社會分工的越來越細，這種溝通協調也是必須的。當然，同事之間有摩擦是難免的，即使是一件事情有不同的想法，我們也應具有「對事不對人」的原則，及時有效的調解這種關係。不過從另一角度來看，此時

也是你展現自我的好機會。用成績說話,真正另同事刮目相看。即使有人對你有些非議,此時也會「偃旗息鼓」。當然有了成績,也不應滋生驕傲的情緒,好像覺得「高人一等」。我們應該意識到:工作是一種團隊合作精神,成績是大家共同努力的結果。順便帶一筆,如果你有了物質獎勵,不妨拿出一部分和同事一起分享。

適當的讚美,不搬弄是非

一成不變的工作容易使人變得乏味,如果你能生活中適當加點「調味」,相信會使你的工作變得多采多姿,同事間的關係也會更加融洽。比如:一句由衷的讚美或一句得體的建議,同事會感覺到你對他的重視,當然,也無形中增加對你的好感。不過,這裡需要注意的是:不要盲目讚美或過度讚美,這樣容易有掐媚之嫌。這裡既然說到了讚美,我們也談一談禁忌。其實生活中我們不難發現:有的人「喜歡」對同事評頭論足(包括對工作處世、服裝品味、個人習慣等),這些都是一個人不成熟的表現。因為每個人都有自己一套原則,身為同事,只能是尊重個人的權利和隱私。如果你超越了自己身分的話,很容易引起同事的反感。當然,如果你想進一步拉近彼此的距離,不妨在閒暇時,和同事多參加一些有意義的活動。在團體生活中發掘每個人的另一面,這也是一種很不錯的「潤滑劑」喔!

其實同事的關係也是一種很微妙的「化學反應」,也許一件小事就能讓你和他或(她)的關係很好,也可能很壞,關鍵是在於這個「分寸」。因此身處職場,只有在不斷的經驗累積和學習中,才能更好得掌握這種「分寸」。

● 用理性思考克服負面情緒

從心理學角度看，當機體的生理需求與客觀現實產生強烈抵觸時，人就會出現負面情緒，或恐懼，或憤怒，或絕望等。一個缺乏理智的人往往無法駕馭、控制自己的情緒，進而難以約束自己的行為，直到做出意外的舉動。從醫學角度而言，這些負面情緒對身心的健康也極為不利。有什麼辦法可以克服這些負面情緒呢？

當代美國著名的認知心理學家阿爾伯特‧艾利斯（Albert Ellis）提出了一個由多個步驟組成的情緒理性化療法，即引導當事人運用合乎邏輯的理性思考，加上正面的自我交談，來減低心理壓力和負面情緒。

情緒理性化療法的步驟：

1. 找出引起心理壓力的壓力源。

2. 分析出哪些是對壓力源的非理性認知，也就是對事物的不合理的評價。如對炒股輸了錢事件的評價，應該以冷靜的、理性的態度重新了解。炒股必然有輸贏，對炒股風險缺乏承受能力的人就別涉足股海。既然炒了，「勝敗乃兵家常事」，輸贏也是情理之中的事。

3. 認知到所有不利於健康和事情解決的心理、精神、行為，都是由於那些非理性思考所引起的。

4. 整個療法中最關鍵的一步，當事人必須運用理性的思考方式來消除和代替原來非理性的思考方式。當事人需要觀察自己的情緒狀態是否轉為正常。倘若效果不明顯，那麼當事人必須回到第一至第四個步驟，重新檢討哪些心理思考仍然停留在非理性思考階段，經過重複糾正後，盡可能將心理壓力減少到最低程度。

人活在世上總會遇到各式各樣的事情的現象，或憂或喜，重要的是當個人的生理需求與客觀事物發生矛盾衝突而出現種種負面情緒時，如果能及時調整好自己的情緒，對自己的身心健康乃至處理好各種事情是有裨益的。

● 表述的技巧

日常工作中，要經常與人溝通，讓人理解你的意圖，明白你的想法，溝通良好，會使你和同事間的合作默契愉快，使你的工作更順利。溝通的效果是否良好，很大程度上決定於你的表述技巧，主要包括以下幾個方面：

★ **聲音的技巧**：聲音是影響聽者的第一印象，不論聲音高低，語速的快慢，它們都會影響其他人理解和接收資訊。

★ **用詞的技巧**：在溝通中，盡量採用生動、清晰、完整、具體及禮貌的詞彙，以使對方容易理解和接收。

★ **態度的技巧**：表述時，如果你不同意某事，應首先敘述以下理由，然後這樣結束你的陳述「這就是我不同意那樣做的原因」；另外，在表述時，盡量從你的詞彙中刪去「但是」、「不管怎麼樣」等否定詞，確有需要轉折才能說明的問題，不如換一個時間、換一種場合再單說。

★ **資訊傳遞的技巧**：發表自己的見解之前，要理清自己的思路，在溝通時最好一次只關注一個重點，而不要奢望一次解決幾個問題。要發表自己真實的見解，這樣既能給對方真誠、積極的印象，又有利於人際關係的發展及有效的溝通。

● 交談的原則

★ **誠懇**：誠懇待人市人際交往的基本原則，交談也是如此。

★ **大方**：要確保自己，與任何人的交談都應該是落落大方的。即使在陌生人面前，也要表現得從從容容，不要扭捏不安、拘拘束束；即便做不到談笑風聲，也應該不慌不忙，有問必答，切不可躲躲閃閃，慌慌張張。

★ **平等**：交談的雙方可能身分地位不同，但不論在任何人面前，交談的態度應該是坦然平等的。面對達觀貴人、名流權貴不能唯唯諾諾、手足無措、畏首畏尾；面對地位比自己低的人，也不應該趾高氣揚、盛氣凌人。

★ **謹慎**：古人說要「敏於事而慎於言」，這是經驗之談，意思是說做事要敏捷，說話要謹慎。講話之前，應對自己要講的話稍加思索，想好了可以說，沒有想清楚就不要說，切不可冒失，胡亂議論，甚至不知所云。講話之前不加思索，講話必然言不及義，文不對題，會給人以一種淺薄之感。

★ **樸實**：文雅，當然是一種美德，但這是知識淵博的自然流露。有些人修養不深，說話時卻故意賣弄，甚至裝腔作勢，亂用一些名詞典故，結果貽笑大方。所以交談中只要用詞達意，通順易懂即可。自然樸實自有動人之處。

● 懂得溝通

　　一個人的成功，百分之二十靠專業知識，百分之四十靠人際關係，另外百分之四十需要觀察力的輔助。因此為了提升我們個人的競爭力，獲得

成功，就必須不斷地運用有效的溝通方式和技巧，隨時有效地與人接觸溝通，只有這樣，才有可能使你的事業成功。

在人與人交往的過程中，需要借助溝通的技巧，化解不同的見解與意見，建立共識。當共識產生後，事業的魅力自然展現。良好的溝通能力與人際關係的培養，並非是與生俱來的。因此要學習溝通技巧，懂得溝通之道。以下提供幾個有效溝通的行為法則：

★ **自信的態度**：一般來說，經營事業相當成功的人士，他們不隨波逐流或唯唯諾諾。他們有自己的想法與作風，很少對別人吼叫、謾罵，甚至連爭辯都極為罕見。他們對自己了解得相當清楚，並且肯定自己，他們的共同點是自信，日子過得很開心。有自信的人常常是最會溝通的人。

★ **體諒他人的行為**：這其中包含「體諒對方」與「表達自我」兩方面。所謂體諒是指設身處地為別人著想，並且體會對方的感受與需求。在經營「人」的事業中，當我們想對他人表示體諒與關心，惟有我們自己設身處地為對方著想。由於我們的了解與尊重，對方也相對體諒你的立場與好意，因而做出積極而合適的回應。

★ **適當地提示對方**：產生矛盾與誤會的原因，如果出自於對方的健忘，我們的提示正可使對方信守承諾；反之若是對方故意食言，提示就代表我們並未忘記事情，並且希望對方信守諾言。

★ **有效地直接告訴對方**：一位知名的談判專家分析他成功的談判經驗時說道：「我在各個國際商談場合中，時常會以『我覺得』（說出自己的感受）、『我希望』（說出自己的要求或期望）為開端，結果常會令人極為滿意。」其實，這種行為就是直言無諱地告訴對方我們的要求與感受，若能有效地直接告訴你所想要表達的對象，將會為我們建

立良好的人際關係。但要記住「三不談」：時間不恰當不談；氣氛不恰當不談；對象不恰當不談。

★ **善用詢問與傾聽**：詢問與傾聽的行為，是用來控制自己，讓自己不要為了維護權利而侵犯他人。尤其是在對方行為退縮，默不作聲或欲言又止的時候，可用詢問行為引出對方真正的想法，了解對方的立場以及對方的需求、願望、意見與感受，並且運用積極傾聽的方式，來誘導對方發表意見，進而對自己產生好感。一位優秀的溝通好手，絕對善於詢問以及積極傾聽他人的意見與感受。

● 萬事開頭難，努力是法寶

初次來到新公司，一切都非常陌生，新的環境，新的人事，新的起點，要在短時間內順利起步，就要掌握必要的原則和訣竅。

有些新人一進公司就急於找個靠山，以為討好了主管就會萬事大吉。實際上，這樣往往會削弱別人對你的工作能力的評價，也影響你與同事的交往。所以新人切忌太過注重人際關係。另外，身為新人也沒必要因為一點小過失而不安，覺得自己給主管和同事留下了壞印象，或覺得自己適應不良。任何人犯錯都是難免的，尤其是在陌生的環境中。所以，最好多接近一些與自己業務相同且年齡相近、性格相仿的新同事，多與他們交談，以求得他們的指點和幫助。相對來說，外向型的人更容易為自己打開好的局面

初來乍到，千萬不要有「天將降大任於斯人也」的念頭，這樣將會造成自己眼高手低。因為大家在不了解你的情況下，是不會輕易委託你重任的。無論你是帶著什麼頭銜來的，謙虛、勤勞、盡本分、不計工作輕重，

才是最受主管和同事們歡迎的。俗話說，萬事起頭難，努力工作應該是個解決問題的好辦法。身為新手，要想順利起步，要注意從以下幾點做起。

★ **了解公司的組織規劃**：當你初到一家公司時，首先必須了解公司內部的組織。例如，分有哪些部、處科等，並應該知道每個部門所負責的工作及主管，除此之外，你還要了解公司的經營方針，以及公司的工作方法。一旦對整個公司有了全面了解後，對你日後的工作將大有助益。

★ **儘快學習業務知識**：你必須有豐富的知識，才能完成上司交代的工作。這些知識與學校所學的有所不同，學校中所學的是書本上的死知識，而工作所需要的是實踐經驗。

★ **在預定時間內完成工作**：一項工作從開始到完成，必定有預定的時間，而你必須在這個時間內將它完成，絕不可藉故拖延，如果你能提前完成，那再好不過。

★ **工作時間避免閒聊**：工作中的閒聊，不但會影響你的工作進度，同時也會影響其他同事的工作情緒，甚至妨礙工作場所的安寧，招來上司的責備。所以工作時絕對不要閒聊。

★ **記住你的新同事**：要在盡可能短的時間內看清每一張面孔，記住每一個名字，這容易讓他人有被尊重的感覺。當然，再大致了解一下他們的性格，內向或外向，有利於一般性的應付。

★ **執行任務時的要點**

　‧上司所指示的事務中有些事件不需要立刻完成，這時應該從重要的事情著手，但是，要先將應做的一一筆錄下來，以免遺忘。

　‧無法暫停正在進行的工作，以完成上司交給的臨時任務時，應立即

提出，以免誤事。

・外出收款、取文件或購物時，要問清金額、物品數量等重要細節，
　然後再去。

・未充分了解上司所交代的事情前，一定要問清楚後再進行，絕不可
　自作主張。

・外出辦事時，應負起責任，迅速完成，不可借機辦私事。

● 實現成功的六要素

★ **承擔全部責任**：在這個社會裡，許多人一旦遭到失敗便怨天尤人，從
　父母到政府，沒人不挨咒罵。勵志大師卻絕不會有這種受害者心態。
　他們的信條是：「如果注定如此，我只好一個人承當。」

★ **生活有目標**：勵志專家與常人最大的不同之處，也許就在於他們每一
　天都生活有目標。想要成為一個有作為的人，在生活中抱有目標是最
　重要的必須條件。目標是激勵你不斷前進的動力，是你邁向成功的一
　步步臺階。

★ **制定行動計畫**：想實現目標而無行動計畫，就如同長途駕車不帶地圖
　上路。途中所浪費的時間、精力和金錢可能令你洩氣，連十分之一的
　旅程也完成不了。

　美國著名演說家、作家、業務員培訓專家布賴恩‧特雷西（Brian Tra-
　cy）指出：「沒有用白紙黑字寫下來的目標，根本就不是目標，而只
　是空想。」目標設計的再完美，不付諸行動，也只能是空想，空想家
　永遠不可能成功。

★ **願意付出代價**：成功固然甘美，但獲得成功所付出的代價也是巨大
　的，苦盡方能甘來，成功只會眷顧勤奮者。

★ **不斷自我鞭策**：成功的勵志演說家都有個明顯的特質：有極強大的內驅力推動他們上進，不達到最好絕不甘休。他們為了提升自己的技能，幾乎什麼事都願意做。

★ **絕不半途而廢**：其實，光是永不言棄是不夠的，你還必須願意做任何有助於達到目標的事。傑克‧坎菲爾（Jack Canfield）和馬克‧漢森（Mark Victor Hansen）編纂《心靈雞湯》一書時，曾找過一百多家出版社商量出版此書，都碰壁了。但他們沒有放棄，繼續努力奮鬥，後來，終於有家小公司答應幫忙。《心靈雞湯》出版之後非常暢銷，其後出版了一集又一集，總銷量超過一千二百萬冊。這個例子又一次證明：堅持不懈往往能創造奇蹟。

● 婉拒有道，成功有路

拒絕，是令人不快的導火線；拒絕，是傷害感情的誘發因素。然而，在我們的工作中，學會拒絕是我們妥善應酬的必要手段之一。其實，我們每一個人都有說：「不行」的權利，而且可以說得不會令對方感到難堪或覺得我們沒有人情味。以後你發覺嘴裡準備說「好」，但心裡卻想說不要的時候，不妨採取下列策略來應付：

★ **「我對你十分欽佩」**：這是一種先恭維對方的方法。例如，有人要求一位職員加入某協會，這位職員委婉地說：「承蒙邀請，我很高興。我對貴機構真的十分敬仰，可惜我的工作實在太忙，無法分身，你的美意我只能心領了。」

★ **「這個提議非常好」**：專家說，人們非常樂意接受「這個提議非常好，但是我目前還不能採用」以及「好主意，不過我恐怕還不能實

行」等言辭。

★ 「**讓我考慮一下**」：許多人在現實生活中遇到一些不想做的事總是直接說「不行」。專家提醒說，當你面對一個不想接受的要求時，你應該說：「我先考慮一下。」這是個緩兵之計，使自己有時間去找一個讓要求你的人能接受的藉口。在公事上，說「這件事我還要研究一下」，也能收到相同的效果。

★ 「**我就是不行**」：如果你想在電話中乾脆地拒絕某人的約會，就要記住一則古老的格言：「永不道歉，永不解釋」。除非你提出的理由是無可辯駁的，否則還是不提為妙，倒不如簡單地說：「我現在就是辦不到。」大多數人不會強調要別人解釋，可是如果有人質問你，你不妨說：「我恐怕只能這樣。」

★ 「**對於你的問題我愛莫能助**」：最難拒絕的是那些向你唉聲嘆氣地暗示的人。例如，一位朋友對你說：「某某要出差到你們那邊，要不是住飯店那麼貴，我也會與他一起來。」這時候應採取的策略是以同情但堅定的口吻說：「啊！對於你的問題，我愛莫能助。」然後就住口，你沒有義務伸出援助之手。

● 信任是最好的投資

在美國沃爾瑪公司（Walmart Inc），每一位經理都別著刻有「我們信任我們的員工」字樣的別針。在該公司，員工包括最基層的職員都被稱為合夥人，同事之間因信任而躍入志同道合的合作境界。最好的想法來自這些合夥人；而把每一個創意推向成功者，也是這些受到信任的合夥人。這正是沃爾瑪從小公司一舉發展成為美國最大的零售連鎖集團的祕訣之一。

信任是未來管理文化的核心，信任還會帶來羅森塔爾效應（Rober-tRosenthal Effect）。美國心理學家羅伯特・羅森塔爾（Robert Rosenthal）考察某校，隨意從每班抽 3 名學生共 18 人寫在一張表格上，交給校長，極為認真地說：「這 18 名學生經過測驗都是高智商人才。」事過半年，羅氏又來到該校，發現這 18 名學生的確超過一般孩子，進步非常大，再後來這 18 人全都在不同的職位上做出了非凡的成績。這一效應就是因信任帶來的期望心理中的共鳴現象。

著名的《第五代管理》的作者認為，懷疑和不信任是公司真正的成本之源，它們不是生產成本，卻會影響生產成本；它們不是行銷成本，卻會使市場開拓成本大大增加；它們不是管理成本，卻會因內鬨而使管理成本加大。當我們把信任運用到人力資源管理中，就要求主管對下屬要投入更多的信任和期望，才能使下屬得以發揮出最大的主觀能動性，創造出最佳的工作業績。

● 成功需要好習慣

好的習慣，比如：喜歡閱讀；不睡懶覺；整潔條理；每日做筆記；遇事愛思考；對人有禮貌⋯⋯簡單嗎？對，當它們已經成為習慣的時候，很簡單；當它們還沒有成功習慣的時候，做起來也許沒有那麼簡單。可是，沒有這些好的習慣，成功只能是海市蜃樓，可遠觀，而永遠無法靠近。

真是這麼重要嗎？是的，好習慣是一個成功的管道。

試想，一個愛睡懶覺、生活懶散又沒有規律的人，他怎麼約束自己勤奮工作？一個不愛閱讀、不關心身外世界的人，他能有多大的胸襟和見識？一個自以為是、目中無人的人，他如何去和別人合作和溝通？一個雜亂無章思考混亂的人，他做起事來的效率會有多高？一個不愛獨立思考、

人云亦云的人，他能有多大的智慧和判斷能力？……

好習慣實際上是好方法 —— 思想的方法，做事的方法。培養好習慣，即是在尋找一種成功的方法。

人常說：「先做對，再做好。」培養好習慣就是「先做對」。

從我做起，從現在做起吧！成功絕對是從量變到質變的過程。

你的好習慣越多，你離成功越近。

● 才華橫溢 ≠ 成功

才華橫溢是對一個人的最高褒獎嗎？身處職場，有的人才能平平而工作做得如火如荼，有的人才華橫溢而工作平平，那麼 ——

職場上什麼人最成功？

著名的日本松下公司的用人理念是只用具有 70% 能力的人，而不用業界最優秀的人。因為這些人做事更認真，而且友善、謙虛，對上司和同事更具親和力。現代社會更強調團隊合作精神。一個人鋒芒畢露並不被認為是一件好事。因而，越來越多本來滿腹才華的人將才華束之高閣。

才而不財非才也

一個人在職業上的成功與他的才華橫溢沒有任何的正比關係。如今是市場經濟的時代，每個人，不論你有無才華，都得在職業場上拚命奔波，賺錢已成了工作的首要目的。在巨大的物質利益面前，財富毫無疑問比才華更能勾住人的眼球。這樣的社會循環，職業的成功還有其他的標準可選嗎？才華橫溢只是職業成功的千萬個必要條件中的一個。在合適的職位

上，你的智慧才能發揮出應有的價值，才有可能獲得足夠讓社會認可你成功的財富，若遇到一個喜歡大材小用的主管，你的才華和智慧只會讓你過得比別人更痛苦！

發揮出最大潛能

在職場上，我理解的才華不僅僅指「滿腹詩書」的學富五車，也不單單指「運籌帷幄」的才高八斗，簡單點說，不管你是經商，還是為官；不管你是裝卸工人，還是程式設計師；也無論你是才華橫溢，還是斗字不識，只要你在工作中能把你才華的最大潛能發揮出來，即使你沒有頂尖的事業，你仍然是一個成功的人。開啟你最大的能動性，充分體現你的人生價值，你就沒白活一回！

成功還與 EQ 有關

才華橫溢的人往往有意無意地表現出恃才傲物，缺少與周圍環境的良好親和力，EQ 的缺陷往往使他們與團隊像油與水一樣難以相融。與此相對應的是，一些才智平平的人卻由於懂得如何處人，如何把握機遇、把有限的才智用在最該用的地方，所以他們之中的一些人平步青雲也就不難理解了。其次，指望一個人適應各式各樣的環境，其實也不現實。那些才華橫溢的人有時並不清楚目前所處的環境是不是真的適合自己，還有沒有可能以自己的主觀努力變換一個新的環境，使之更適合自己。聊起自己的專業來神采飛揚，可涉及到這些直接關乎自己前程的、專業之外的「瑣事」，卻又往往是除了嘆息就是無奈。歸根到底還是一個 EQ 問題。

才華要轉化為能力

　　一個才華橫溢的人，無論是專才還是全才，都可以稱得上是人才，但就如一件凝聚人類智慧的高科技產品，只有顯現其應用價值，才能算作有用。還是那句重複了一百遍的真理：科學技術要轉化為生產力。人才的價值以及職場上衡量成功的標準又何嘗不是如此呢？

● 警惕事業的「瓶頸」狀態 ── 如何面對和跨越？

　　「瓶頸」一般用來形容事業發展中遇到的停滯不前的狀態。這個階段就像瓶子的頸部一樣是一個關口，再往上便是出口，但是如果沒有找到正確的方向也有可能一直被困在瓶頸處。基本上，每一個人都會遇到自己的一「瓶頸」期，處理得好，便找到事業新的發展出口，取得更大的成功，但是也有很多在這個時期放棄了突出重圍的努力，到最後葬送了自己的前程。

為什麼會出現「瓶頸」現象？

　　「瓶頸」現象出現的原因有很多，最普遍也是最廣泛的一種，就是在別人前進的時候。自己沒有努力，所以到了一定的時候便會因為後勁不足而感覺力不從心。

　　「瓶頸」現象的另一種原因是事業目標的過於分散。不管你從事的是哪一種職業。都需要有一個累積和沉澱的過程；如果事業目標過於分散，沒經過這個累積過程。雖然暫時可能會有一個比較好的薪酬和待遇，但是到了需要一飛衝天的時候，你的發展就會遇到障礙。因為幾乎所有的成功都是需要厚積薄發的。

第三種原因也很普遍，就是沒有確定自己的位置。每一個人都有自己的長處和短處，尤其是在工作上，認清自己適合做什麼是最重要的，當你覺得自己很努力很認真但是工作上總是停滯不前的時候。你就應該重新審視一下自己了：到底我適合不適合這個工作？到底我喜歡不喜歡這個工作？一般而言，一個人不喜歡一份工作，他的業績可能平平。雖然不見得一定糟糕；但絕對難以做得優秀。人只有在做自己真正喜歡的工作時才會迸發出熱忱，也因此才會取得巨大的成績。

「瓶頸」狀態是壞事嗎？

其實人的一生中有很多時候是需要你靜下來思考何去何從的。表面上看。「瓶頸」狀態的出現顯示事業進行得不是很順利，但是「瓶頸」時期恰恰給你提供了一個最好的反思自己的機會。人的一生就像大海一樣有波峰和浪穀，如果一直都很順利，沒有任何挫折，一旦掀起一個大浪。跌下來，會是更大的危險。瓶頸一時期正是二者的銜接處，它讓你有時間去反思自己對事業的選擇是不是正確，自己追求事業的方式是不是最恰當。從這個角度來講，出現「瓶頸」狀態不但是正常的，而且對你今後的事業也是有幫助的。

● 損害個人魅力的 26 個缺點

以下 26 個錯誤是我們經常會犯的，如果你認為這些都是一些小缺點的話，那就錯了。因為這些缺點的混合速度是非常快的！你願意和平常就顯示出其中三種缺點的人交往嗎？這些缺點會使人對你的智慧和能力產生懷疑，任何想要培養個人魅力的人，都應遠離這些缺點。

1. 不注意自己說話的語氣，經常以不悅而且對立的語氣說話。

2. 應該保持沉默的時候偏偏愛說話。

3. 打斷別人的話。

4. 濫用人稱代詞，以至在每個句子中都有「我」這個字。

5. 以傲慢的態度提出問題，給人一種只有他最重要的印象。

6. 在談話中插入一些和自己有親密關係，但卻會使別人感到不好意思的話題。

7. 不請自來。

8. 自吹自擂。

9. 嘲笑社會上的穿著規範。

10. 在不適當時刻打電話。

11. 在電話中談一些別人不想聽的無聊話。

12. 對不熟悉的人寫一封內容過度親密的信。

13. 不管自己了不了解，而任意對任何事情發表意見。

14. 公然質問他人意見的可靠性。

15. 以傲慢的態度拒絕他人的要求。

16. 在別人的朋友面前說一些瞧不起他的話。

17. 指責和自己意見不同的人。

18. 評論別人的無能力。

19. 當著他人的面，指正部屬和同事的錯誤。

20. 請求別人幫忙被拒絕後心生抱怨。

21. 利用友誼請求幫助。

22. 措詞不當或具有攻擊性。

23. 當場表示不喜歡。

24. 老是想著不幸或痛苦的事情。
25. 對政治或宗教發出抱怨。
26. 表現過於親密的行為。

● 成功自有成功的方法和道理（一）

用「如何」取代「為何」

「為何」的問句常常會引起找理由、找藉口、解釋、追究責任的可能，無補於解決問題。人們總是把別人的成功誤解為運氣，以為別人的成功都是僥倖而來，可能是靠背景和關係。他沒有想到，自己可以更進步。你今天的結果，是你過去的努力，如果你不滿意目前的結果，表示你過去的努力不夠；如果今天知識抱怨，不採取行動，留給明天的還是抱怨。

如果你現在就做決定，不要把焦點放在問題上，因為人生的問題實在太多，要把焦點放在解答上，這樣你會發現，一切的事情都是非常簡單的。

指向成功的 nlp 問句

下面這幾句是 nlp 專家比較常用的問句，可以直指解決問題的結果。

★「我想怎麼做呢？」
★「我的目的是什麼？」
★「我到底為了什麼？」
★「我能為你做些什麼呢？」
★「我該為自己做些什麼呢？」

成功在於合作

如果我們能把容易的事情變得簡單，把簡單的事情也變得很容易，我們做事的效率就會倍增。合作，就是簡單化、專業化、標準化最重要的關鍵，也就是集合眾人的力量，完成更大的事情，來服務我們的顧客。合作可以產生一加一大於二的倍增效果。據統計，諾貝爾獲獎項目中，因合作獲獎的占三分之二以上。在諾貝爾獎設立的前 25 年，合作獎占 41%，而現在則躍居 80%。

健康的心理沒有高血壓

魯迅：真正的勇士，勇於直面慘澹的人生，勇於正視淋漓的鮮血。

★ 養成正確的視角；

★ 不要躲避風險；

★ 在自己的強項上努力；

★ 避免鼠鬥；

★ 從超負荷的道路上脫身；

★ 建立堅強信念；

★ 放棄你的部分權利；

★ 調整你的心態；

★ 把注意力轉向自身之外的人和事；

★ 找個人談談；

★ 找出減輕壓力的有趣方法。

壓力可以變成動力

絕對的保險是沒有的，也沒有絕不失敗的計畫，沒有決定可靠的設計，沒有全無風險的安排。人生絕不可能那麼完美。人的一生充滿壓力。每個人對壓力的反應各不相同：有些人被壓力壓垮，有些人則借壓力刷新世界紀錄。

去做你害怕的事，害怕自然就會消失

如果你害怕走夜路，你就去走夜路；如果你怕別人笑話，你就去露醜。常言道：缺什麼補什麼。如果你缺自信，那你就補自信；如果你缺害怕，你就補害怕。如果你補上了害怕，你就不再為害怕所累。

★ 挑前面的位置坐；
★ 練習正視別人；
★ 把你走路的速度加快 25%；
★ 練習當眾發言；
★ 咧嘴大笑。

心理上接受最壞的結局會無所畏懼

人為什麼害怕，往往是因為我們心理沒有完全放鬆，期望值太高，不肯接受不利的現實。只有把我們的心理徹底放鬆，雙腳落地，人的心理才會有彈性。

★ 找出萬一失敗可能發生的最壞的情況是什麼；
★ 讓自己在必要的時候能接受它；
★ 試著改善在心理上已經接受的那種最壞的情況。

沒有那件事情比害怕自己可笑更可笑的了

蕭伯納：對於害怕危險的人，遮蓋世界上總是有危險的。

★ 「反正」與「畢竟」是喪失鬥志的忌語；

★ 使用肯定語氣表達思想；

★ 利用聯想遊戲忘掉討厭的事情；

★ 凡事要做最壞的打算；

★ 想一想「天無絕人之路」；

★ 把時限用語從腦海中消除；

★ 用粗魯的語言壯膽；

★ 不知自己能否成功時，先在別人面前宣揚自己的目標；

★ 怯場時不妨道出自己的感受；

★ 不順利時可以自言自語；

★ 借寫信消除煩惱。

活動可以驅趕憂慮

傑克：藉著遺忘過去和投入別的興趣當中，我忘記了憂慮。

人經常杞人憂天，生活在自己構築的憂慮中，這種憂慮既有過去的，也有現在的，也有將來的，種種憂慮壓得我們喘不過氣來。

擺脫憂慮的最好方式是換腦，即把注意力由心理轉到生理，透過生理活動使人忘卻心理的煩惱。

做事充滿熱情

★ 深入了解每個問題；

★ 做事要充滿熱忱；

★ 要傳播好消息；

★ 培養「你很重要」的態度；

★ 強迫自己採取熱忱的行動；

★ 不可以把熱忱和大聲講話或呼叫混在一起；

★ 身體健康是產生熱忱的基礎；

★ 說些鼓舞人心的話；

★ 你要反省自己；

★ 要知道你是個天生的優勝者；

★ 要啟發靈感的不滿；

★ 成功的熱忱，終得有行動的熱忱；

★ 要用魔法成分 —— 希望來激勵自己；

★ 要勇於向自我挑戰；

★ 在極端困難的條件下，要有破釜沉舟的勇氣。

錢往低處流

採取低姿態，謙虛、滿懷感激之心的人，金錢會順流向他流去。越是賺大錢的人，態度越謙虛。

★ 不要考慮你「想要說什麼」，張開嘴巴說出來就行；

★ 不要做計畫，不要在行動前考慮；

★ 停止責備自己；養成大聲說話的習慣；

★ 直接表露愛憎好惡。

使用積極暗示

- ★ **簡潔**：默念的句子簡單有力；
- ★ **積極**：用肯定語氣正面表達；
- ★ **信念**：要有可行性；
- ★ **想像**：在腦海裡呈現清晰的圖像；
- ★ **感情**：快樂的健康的感受。

將欲取之，必先與之

「欲擒先縱，欲急故緩，待其懈而擊之，無不勝者。」

要想爭取或征服對方，必須巧妙處理得與失、大得與小失的關係，有出有入，捨出孩子套住狼。古代很多戰役都是雙方強弱不同，弱者先讓一步，後發制人，因而戰勝對方。

借勢造勢

孫子：故善戰者，求之於勢，不責於人，故能擇人而任勢。任勢者，其戰人也，如轉木石。故善戰人之勢，如轉圓石於千仞之山者，勢也。

成功是化繁為簡、提升效率的學問，一個人要想在有限的時間裡成功，必須學會搶占制高點，借助各種有利條件迅速實現自己的目標。正像一個科學家所言：只有站在巨人的肩上你才能看得更遠。

提升他人的感覺界線

在評價他人時，每個人心裡都有一個界線。在這個範圍內，較高的報價、高檔的包裝、高檔的氛圍，都可以影響對方對你的潛力評價，提升對方的期望水準。一般來說，對方的期望水準越高，成就水準也越高。成功

人士對自己要有較高的要求，要用一流的表現，一流的包裝去影響別人，提升對方對你的期望水準。

● 成功自有成功的方法和道理（二）

★ **要成功就一定要接近成功者**：一個人有成功，有幾個方法：第一個，他必須幫成功者工作；第二個，當他們開始成功的時候，也開始跟更成功的人合作；第三個，當你越來月成功的時候，要找成功者來幫你工作。

★ **幫助成功者也是幫助你自己**：有人說，那些成功的人都好難接近，事實上，不是他們很難接近，而是你不夠想，如果你真的很想接近他們，你會想盡辦法，無論用什麼方法，先為他們付出，不求回報。最重要的是，你要知道這些成功者要的是什麼。

★ **研究別人的錯誤可以少犯錯誤**：陳安之：你一定要不斷地研究你的競爭對手。要成功，必須要做成功者所做的事情，同時你也必須了解失敗者做了哪些事情，讓自己不要犯那些錯誤。

就某種意義而言，失敗是通往成功的道路，因為每次的錯誤的發現，都會引導我們熱切地追尋真理，而每項新經驗，也都指出某種錯誤的形式，以使我們更好地接近目標。

★ **系統思考，見樹又見林**：系統思考將引導一條新路，是人由看片面到看整體；從對現狀作被動反應，轉為創造未來；從迷失在複雜的細節中，到掌握動態的均衡搭配。

★ **尋找小而有效的高槓桿解**：最顯而易見的解決方案通常是沒有效果的；短期也許有改善，長期只能使事情更惡化。但是另一方面，系統

思考也顯示，小而專注的行動，如果用對了地方，能夠產生重大、持久的改善。系統思考專家稱此項原理為槓桿作用。

處理難題的關鍵，在於看出高槓桿解的所在之處，也就是以一個小小的改變，去引起持續而重大的改善。

● 附錄

測驗你的創造才能

以下各題做題時只回答是或否：

★ 聚精會神工作時，常常忘記時間。

★ 特別關心周圍人們如何評價自己。

★ 遇到問題我能從多方面探索它的可能性，而不是拘泥於單一思路。

★ 那些沒報酬的事，我從來就不想做。

★ 即使十分熟悉的事物我也常用陌生的眼光審視它

★ 我評判資料的標準首先是它的來歷而不是它的內容。

★ 我最愉快的事情是對某個問題深思熟慮，精雕細琢。

★ 我不認為靈感能揭開成功的序幕。

★ 我對周圍的事物有好奇心，一旦產生了興趣很難放棄。

★ 把事情做得盡善盡美，我認為是不明智的。

★ 對所從事的職業即使遇到困難和挫折也不會動搖我的意志。

★ 我從來不做那些自尋煩惱的事情。

★ 我對事情過於熱心，當把事情完成之後總有一種興奮感。

★ 按部就班、循序漸進才是解決問題的最正確方法。

★ 我寧願單槍匹馬，也不願和許多人牽扯在一起。

★ 在和朋友爭論問題時，寧可放棄我的觀點，也不使朋友難堪。

★ 對我來說，提出新建議比說服我接受這些建議更重要。

★ 我所關心的是什麼，而不是可能是什麼。

★ 總覺得我是個不知足的人。

★ 我無法從別人的成敗中發現問題，吸取經驗教訓。

評分方法

上面共有 20 個測試題，每題 2 分共 40 分。凡在單號題（即一、三、五等）答「是」的得 2 分，答否得 0 分。在雙號題（二、四、六等）答「是」的得 0 分，答否的得 2 分。

評析與贈言

★ 28 ～ 40 分，**創造性強**：你最大的優勢是能靈活深刻地思考問題，又有有條不紊的思考方式，也有將思考結果加以實現的能力。你是個人才，如果已經出成果戒驕戒躁，如暫時還沒成果也不要急，只要你努力總會在某個方面嶄露頭角。得分 36 分以上的還有可能成為科學家、發明家。你要注意的是把靈活思考變成有用的想像。

★ 16 ～ 26 分，**創造性一般**：你創造心理中等，對事物判斷講究現實，習慣採用現有的方法和步驟考慮問題、處理問題。雖說保險係數叫大，但難有大的突破。思考靈活性是創造力的基礎，你不妨做點自我訓練，說不定在機遇來時也可顯出你的才能。

★ 14 分以下，**創造性弱**：你往往按照同樣的方式思考，容易使自己的思想變成桎梏，因此你在工作上較少嘗到靈活思考的快樂和甜頭，在個人生活上也往往缺乏趣味和魅力。不過你也不要認為自己不能創造，你可能在那些熟練性工作中孕育你的創造潛力。

測驗你適合何種職業

以下各題只需在題後回答是或否：

★ 第一組

就我的性格來說，我喜歡同年輕人而不是同年齡大的人在一起。

我心目中的丈夫（妻子）應具有與眾不同的見解和活躍的思想。

對於別人求助我的事情，總樂意幫助解決。

我做事情考慮較多的是速度和數量而不在精雕細琢上下工夫。

總之，我喜歡新鮮這個概念，例如新環境、新旅遊景點、新朋友等。

我討厭寂寞，希望與大家在一起。

我讀書的時候就喜歡語文課。

喜歡改變某些生活慣例，以使自己有充裕的時間。

不喜歡那些零散、瑣碎的事情。

我進入招聘職員經理室，經理抬頭瞅了我一眼，說聲請做，然後就埋頭閱讀他的檔不再理我，可我一看旁邊並沒有坐位，這時我沒站在那裡等，而是悄悄搬來個椅子坐下來等經理說話。

★ 第二組

我讀書的時候喜歡數學課。

看了一場電影、戲劇後，喜歡獨自思考其內容，而不是喜歡與人一起談論。

我書寫整齊清楚，很少寫錯別字。

不喜歡讀長篇小說，喜歡讀議論文、小品或散文。

業餘時間我愛做智力測驗、玩益智遊戲。

牆上的畫掛歪了，我看著不舒服，總要想法將它扶正。

收錄機、電視機發生故障，喜愛自己動手修理。

做事情精益求精。

我對一般服裝的評價是看它的設計而不大關心它是否流行。

我對經濟開支能控制，很少有「月初鬆月底空」的現象。

評分方法

從第一題起依次劃出是與否的答案。然後算出兩組各有幾個是。比較兩組答案：

第一組中答「是」，比第二組多為（一）；

第二組中答「是」，比第一組多為（二）；

兩組回答「是」的數目，大致相當為（三）。

評析與贈言

★ 你最大的長處是思想活躍，善於與人交往。你喜歡把自己的想法讓別人去實現，或者與大家一起去實現，適宜你的職業是記者、演員、導遊、業務員、採購人員、服務生、節目主持人、人事主管、廣告行銷人員等。

★ 你具有耐心、謹慎、刻苦鑽研的特質，是個穩重的人，適合選擇編輯、律師、醫生、技術人員、工程師、會計師、科學工作等職業。

★ 你具備以上兩種類型的人的長處，不僅能獨立思考，也能維持、處理良好的人際關係。供你選擇的職業包括教師、教練、護理師、祕書、美容師、理髮師、公務員、心理諮商師、各類管理人員如科長、廠長、經理等。

挫折、疾病篇

● 心理健康的標準

由於心理現象極其複雜，每個人的情況又千差萬別，所以，我們不能象測量血壓或體溫那樣劃出心理健康與否的明確界限。但在實際生活中我們可以從以下幾個方面來衡量一個人心理健康的程度：

★ 能正確對待自己，有自知之明，對自己有恰如其分的評價，不自卑、不自亢；

★ 能正確對待別人，善交友，也就是能建立良好的人際關係。與人交往時，善意的態度（如尊敬、信任、喜悅等）多於敵意的態度（如懷疑、嫉妒、憎惡等。

★ 能正確對待工作，熱愛學習。有人說，工作和學習對於心理健康之重要，猶如身體之必須維他命，飽食終日而無所事事，即使體格再健壯，其精神也是空虛的。

★ 能正確對待環境，適應能力好，自然環境與社會環境總在不斷變化之中，秋去冬來，人們應該調整自己的衣食住行以適應四季氣候的變化，要改造自然首先要適應自然，對待社會環境也是這樣，面對客觀現實要分析哪些是需要改變和可能改變的；哪些是不可能或暫時不能改變的，以此為依據來決定自己應該採取何種態度和行為。對生活中出現的各種問題和麻煩，不退縮、不逃避、不幻想。

如能做到以上四個方面，他就可以使自己的心理處於一種和諧、自然的健康狀態。

另外：這四條「正確對待」既可以做為心理健康的手段，也可以做為心理健康的目的，在這裡是把手段和目的一體化了；心理健康同時是一種理想和追求，沒有止境。

●「愛管閒事」也是病

有的老人上了年紀之後，突然對家庭瑣事興趣大增，操持不迭，整天忙著做這做那，常被兒女認為「心血來潮」。有專家最近提出，這種症狀其實是一種病。由於老年人生理機能退化，致使神經中樞產生障礙性紊亂，常誘發多樣性意念錯亂等病症。最常見的是「生理意識重現」症，因意念受到錯誤指令，常使患者在行為中盲目從事，而且缺乏判斷能力，做些力不能及或力不從心的事情。

專家指出，除遵醫服用安定藥物外，更主要的方法是對患者進行心理安撫，在鼓勵患者老有所為的同時，應耐心規勸患者避免做那些力不從心的事情，多用利害關係曉之以理。開導患者對家事的參與多動口少動手。若有機會，多同患者做些短途旅遊，讓患者開闊視野，活化情緒，都有較好的治療效果。

● 別讓生命太不堪一擊

生命的價值永遠都不能簡單的用世人所謂的得失成敗來衡量，因為生命是否有意義，最關鍵的在於個體的自身體驗，「如人飲水，冷暖自知」，任何外在的標準都不能夠妄加評判。

社會上的競爭從來就沒有一天停止過，而且隨著社會的發展越演越烈。很多調查顯示，大部分青少年感到學習和工作的壓力很大；大學新生患有心理疾病的不在少數，只因為高中階段學習壓力太大……

短短半年時間，竟有如此之多的人因為不堪競爭的重負而輕易拋棄自己寶貴的生命，還有那麼多的青少年在競爭的高壓下苟延殘喘，我們不禁要問：人的生命真的如此不堪一擊？難道人生的意義僅僅在於競爭中的勝

利，人生的價值只能用成敗得失來衡量，為了短暫的成敗得失竟然值得捨棄健康的心理、健全的人格，甚至寶貴的生命？是社會過於強調競爭的重要性，還是個體不知如何做出抉擇，盲目參與競爭使然？

生命的價值永遠都不能簡單的用世人所謂的得失成敗來衡量，因為生命是否有意義，最關鍵的在於個體的自身體驗。

「如人飲水，冷暖自知」，任何外在的標準都不能夠妄加評判。任何成功都有成功的代價，任何失敗也都有失敗的補償，關鍵在於個體自身更看重的是哪一部分！很多人一生都在追逐名利財富，到老了才發現，自己「除了錢以外，什麼都沒有了」！而很多人一生清貧，名利財富都沒有垂青於他，去世時依然心滿意足！

社會為我們提供了很多機會，我們所應該做的，是從中選擇適合自己的機會，而不是隨大流，趕時髦。如果盲目的追隨別人，去適應別人的標準，即使我們獲得了所謂的成功，剩下的也只有空虛和遺憾；而一旦失敗，則脆弱得不堪一擊，因為我們為類獲得成功已經付出了太大的代價。

● 固執與成見

固執的人真是不少，他們做什麼事都有一定的辦法，對什麼人都有一定的成見，寫什麼文章都有一定的格式，不長也不短，不方也不圓，不肥也不瘦，不輕也不重，缺一點不行，多一劃也不肯。他們和誰談話都是滔滔不絕地那麼一套，談起你所親自經歷過的事變或親自體驗過的心境，彷彿他比你自己還要懂得更多更確實 —— 甚至你在和他談話的時候，他從不願意聽取一句，一方面「嗯嗯嗯」的用力點頭，一方面卻在頭腦裡製造公式，指導你的公式。如果這類人不幸而是一個領導者，那麼正如列寧所描寫：首先，他任何人的話都不肯聽，他只會說教，此外，他又確信他比

任何人都精明，這是什麼如何的領袖啊！

　　固執，成見，公式化，雖則程度上多少有些區別，可是卻有相同的血緣，同樣是進步的障礙，不能不希望年輕人共同努力，互相勉勵，拚命來克服和剷除，否則很危險；因為，這正如我們每個人多少都有點阿Q的精神一樣，我們的身上也不免都帶點這種過於自信和死守定型的缺點。

● 減輕「空虛感」和「失落感」

　　產生空虛感和失落感的原因，一是剛從某種相對緊張的生活環境到相對輕鬆的工作環境，因事先對目前生活缺乏計畫安排，一時不知做什麼，感到很空虛，這反映了年輕人對生活缺乏長遠安排的弱點。當然，亦有一種情況，年輕人年青氣盛，好高騖遠，事先給自己定出較高目標，但在競爭中失敗，隨之便氣餒、消沉，從雄心勃勃之士走向另一個極端，感到生活無味，失落感、空虛感亦油然而生。

　　或許這裡沒有盡列產生「失落感」、「空虛感」的種種原因類型，但之中共同點是與年輕人思想尚不成熟，行為靈活多變、情緒易波動，自制能力較差等有關。

　　一個人有了真正的信仰，也就有了精神歸宿和寄託，有了整個思想的支架，有了無論什麼風暴都難以摧毀自己的根基。因此，每個年輕人都應該在較早的時候明確自己一生所為的目的是什麼，較高的理想和信仰亦將人帶入一個較高的思想境界，可使其一生顯得多采多姿。

　　不同的生活階段有不同的生活目標，有人科學地歸納出長期目標、中期目標、短期目標，並將此劃分必須做的，應該做的，做了可以有得益的等等，這樣可以在行動中有輕、重、緩、急，每個時期都有適當的工作、

生活內容安排，亦難有空虛之感了。

人的一生要面對許多選擇，但關鍵的只有幾步：事業、婚戀是其中尤為重要者。每個問題的解決都有其最佳的年齡階段。這些具體實際問題的解決，便是我們所說的不同的生活目標吧！事業的成功、家庭和睦、幸福會使我們感到真正的人生之美。當然，每個人在給自己定出不同的目標之前，應對自己有確切的了解，明確自己的興趣點在哪裡，各方面的能力狀況及客觀條件的成熟與否等等。一個適當的目標既具有了成功的極大可能性，可以感受到實現目標過程中的酸甜苦辣，更有目標實現後的欣慰、快樂，亦增強了自信和勇氣。反之，目標過高，不僅感到實現其過程中的勞累，更有實現不了後的失望和挫折感。目標太低，不僅難以發揮自己的最大才能，亦會因太容易成功而沾沾自喜。

總之，年輕時一段時間有「空虛」和「失落」感覺並非異常，關鍵在於及早明確問題實質所在，著力解決。成熟的世界觀、明確的生活目標，並有為之努力的摯著的精神，如此一來生活定能充實起來。振作、進取是年輕人的精神面貌，相信您會這樣的。

● 克服你的約拿情結

約拿是《聖經》中的人物。據說上帝要約拿到尼尼微城去傳話，這本是一種崇高的使命和極高的榮譽，也是約拿所嚮往的。但一旦理想成為現實，又感到畏懼，認為自己做不到，想迴避即將到來的成功，想推卻突然降臨的榮譽。這種成功面前的畏懼心理，心理學家們稱之為「約拿情結」。

約拿情結是一種普遍的心理現象。我們既想取得成功，但面臨成功，總是伴隨著一種心理迷茫。我們既自信，但同時又自卑，我們既對傑出人

物感到敬仰，但又總是抱持敵意的感情。我們敬佩最終取得成功的人，而
對成功者，又有一種不安，焦慮，慌亂和嫉妒。我們既害怕自己最低的可
能性，又害怕自己最高的可能性。

約拿情結是一種複雜的心理現象。它也許有其存在的合理性。不過，
從自我實現的角度看，它是一種心理障礙。

● 排解心靈寂寞的方法

戰勝寂寞的方法是成熟一點，接受它，面對現實。但若然你真的是到
了寂寞難耐的地步，不知如何是好，但又不太習慣與別人訴說，何不考慮
以下提議：

★ **找點事做**：喜歡做什麼便做什麼，按你的心意而行，有助你驅除寂
寞。當你全情投入在自己最喜歡的事情上，自然能忘掉一切，再沒有
多餘的空間讓你自嘆寂寞無奈。慢跑、寫作、做手工藝、甚至彈琴
等；最緊要是你所鍾愛的興趣。其次你更藉此認識其他志趣相投的朋
友；而將你的喜惡，感情與人「分享」。

★ **回歸自然**：大自然被譽為人類心靈深處的歸宿，在大自然的懷抱裡，
心靈處以平靜安穩、和諧快樂。閒時在公園散步、慢跑或踏單車，可
驅走所有悶氣；重新注入新的生命力量。

★ **工作勿過量**：朝九晚五的八個小時，可能仍不足以就會你繁重的工
作，但切忌過量，凡事適可而止，過量的工作只會加重你的孤寂感！
因而不少人只終日埋頭工作，久而久之，減少與他人相處的時間，只
會加重個人的孤寂感。工作並不是逃避的良方，更佳的其他途徑有：
看話劇、聽音樂會、與友其聚，積極面對孤寂吧！

★ **血緣的力量**：如果你的居所鄰近父母、兄弟姐妹或熟親戚的家時，切記要把握機會，時常往訪。因為畢竟你們有著相同的背景、歷史、相同的血脈，家人往往都會站在你這邊，支持著你。

★ **助人為樂之本**：世界上需要你伸出同情之手的人數以萬計，除了金錢上的資助，他們的心靈同樣需要別人的關懷。選擇適合自己的時間計畫，參加各類的義工服務，這有助於你不再過度執著寂寞的煩惱。

★ **活力之泉**：運動有助身心發展，更有驅走憂悶之妙，到附近的泳池游泳或打一小時球，可令你身心舒暢，而且更有助保持健康。

● 輕鬆減壓招招靈

1. 開懷大笑，有利於釋放壓力。
2. 如果不能勉強自己大笑，那麼適度地保持沉默也有助於降壓。
3. 聽音樂、閱讀書報是增加知識和樂趣的最好辦法。
4. 做錯了事安慰自己「誰都有犯錯的時候」，以便繼續工作。
5. 與人為善，不要懷恨在心。
6. 船到橋頭自然直，今天很快就會過去。
7. 世上沒有完美，甚至缺少公正，只要自己努力了，不要計較結果。
8. 不要害怕面對自己的能力有限，學會適當地說「不」。
9. 對小事不去計較，裝糊塗最好。
10. 可以給久未聯繫的朋友寫封信，吐露自己的感受。
11. 換一個角度看問題，找出恰當的解決辦法。

● 讓壞情緒來得快去得更快（一）

★ **回憶幸福時光**：記住，當鄰居羨慕你培養孩子的方式時，你感到多麼高興；當你的老闆徵求你的意見時，你有多麼驕傲。記下別人對你的讚美和你取得的成績，當你需要肯定自己是多麼優秀時，花 5 分鐘時間回憶一下。

★ **甩掉包袱**：工作過多而感到不勝負荷可能是鬱悶心情產生的根源。最好的解決辦法就是盡量減少工作表上的內容，到環境幽雅的地方解決晚餐，讓家人自己洗衣服，你只要花 5 分鐘時間告訴他們如何操作洗衣機就好……日常雜務如何安排讓你為難嗎？用 5 分鐘時間把該做的事情列個清單，這樣你就會發現一切盡在掌握之中。比如每天查看一次電子信箱，丟掉未打開的垃圾信件，或者晚飯時讓答錄機接聽電話。

★ **保持充足的水分**：每天你的身體需要大約 8 杯水才能保證你精力充沛、精神旺盛。別等到你感覺口渴時才喝水，因為那意味著你已經脫水了。因此，工作時，應該永遠將水杯放在觸手可及的地方。

★ **唱你最喜歡的歌**：很多資料顯示，音樂能改變人的情緒。花 5 分鐘時間哼唱你最愛的那首古老而經典的歌，感受新的自我。大膽地高聲唱出來，這樣效果會更好。

★ **學會釋然**：有些問題根本沒有解決辦法，因此你必須讓它依照自身的方式發展。試試下面的小訣竅：把你關心的事情寫在一張紙上，將這張紙揉碎，扔進廢紙簍裡；或者想像麻煩事就像洗澡時身上的肥皂泡沫順著身體盤旋流走。思想控制情感，因此，如果你設想煩惱消失了，實際上你就會感到豁然開朗，壞心情隨之一掃而光。

● 讓壞情緒來得快去得更快（二）

你可曾毫無理由地想朝某人大發雷霆，或是為平時不屑一顧的小事而痛哭流涕？你很可能正處於情緒低潮期、徹底的壞情緒中。不只你一人有過這樣的經歷。密西根大學的一項調查顯示，日常生活中，人們有十分之三的時間會脾氣古怪、愛發牢騷、易怒，卻不知道原因何在。

似乎您的惡劣情緒屬於沒有根由的突發事件，但實際上壞心情差不多總是歸因於一些煩心事，比如跟丈夫吵架或是跟升遷失之交臂等。緊張時刻，甚至突發的刺耳的電話鈴聲或是隔壁孩子的吵鬧聲都可能讓牢騷症患者發病。

脾氣古怪與憂鬱並不等於憂鬱症，壞心情持續幾小時或是幾天就會自動消失。如果情況依舊，並且這種情緒已經影響你的工作效率或對孩子的日常照顧，那就轉變為憂鬱症了。這時候你就該尋求專家的幫助。精神萎靡並不會將你打垮，我們為您準備了 10 個不妨一試的「壞心情清除術」，你只要用 5 分鐘或更少的時間就能完成。

★ **採取直接行動**：為一件事煩惱可能會花幾天時間，而行動起來解決它只要幾分鐘就夠了。比方說，求職面試後你遲遲得不到通知結果，你為此心神不寧。別煩自己了，馬上打電話給面試你的人事主管，不管是福還是禍，你的緊張心情總會有個著落。

★ **依靠朋友幫忙**：如果你沒坐下來，找其他人和你一起檢查問題根源，那你的結論難免會有失偏頗。選一個朋友幫你把問題看清楚，給自己 5 分鐘時間，在電話裡和她談一談。別擔心自己會惹人煩，朋友交往就是讓你去麻煩的。不過一定別忘了要問問他最近生活得怎麼樣，這不僅是出於禮貌。同時，轉移對自身的注意力也不失為一種迅速擺脫

憂慮的好方法。

★ **放任自己，順其自然**：是的，有時最明智的擺脫壞心情的做法就是別抑制它，而是任其發洩 5 分鐘。抑制情緒的結果往往是使其更加惡化 —— 而感情是需要釋放出來的。因此，當你無法查清問題根源，或沒找到直接的辦法可以排解惡劣情緒時，那就順其自然吧！你的壞心情會過去的，只不過要設定好自我放縱的界限。

★ **裝作心情很好，直到心情真的好起來**：實際上透過偽裝好心情會讓你感覺更愉快些。深呼吸，綻放一個笑容並對自己說：「再過 5 分鐘一切都會變好。」然後努力使自己好起來。

★ **停止拖拖拉拉**：舊金山心理分析學院的心理學專家瑪莉·C·拉米亞（Mary C. Lamia）博士指出，做事拖延常常令人們牢騷滿腹、心情沮喪。試著催促自己加快步伐。花 5 分鐘時間從小處入手，這會讓你離目標更近一點。舉個例子，如果你正在找工作這件事拖拖拉拉，那就打出履歷，並找出你感興趣的那家公司的地址。你會在做這些工作的過程中獲得成就感，同時，這也會為你提供前進的動力。

● 安慰 —— 醫治心病的良藥

生活中，每一個人都有安慰別人和需要別人安慰的時候。安慰，是感情的贈予，是溝通心靈的橋梁，是醫治心病的良藥。

恰到好處的安慰，能喚醒痴迷者灰暗的心靈，能點燃失望者希望的燈心。大千世界，人與人交往，不僅為了取得知識的互補，而且也是為了讓彼此感受到一種兄弟姐妹般的溫情。而當一個人在情緒上、心境上處於低谷的時候，採用適時適宜的安慰方法，無疑是雪中送炭。

對安慰要想取得好的效果，就要掌握安慰的藝術。有位年輕的大學生，花了很長時間鑽研一項技術革新專案，結果人熬瘦了，事情卻不像想像的那麼簡單，暫時沒有成功。他看著桌上一大堆零件，不由自主嘆息起來，不免有些懊喪。這時一位同事走過來，拍拍他的肩膀說：「看你頭髮都脫落了許多，何必呢？算了吧！還是回去休息休息。」這番話說得年輕人更加憂愁。這種損傷自尊心、打退堂鼓式的安慰像一盆冷水，給人的不是支持、溫暖和鼓勵，而是打擊和冷漠。顯然，安慰的話有時說得不恰當，不僅發揮不了勸慰作用，相反會使對方更加消沉。

安慰，從類型上分，基本有兩種：一種是禮節性安慰；另一種是實質性安慰。前者帶有較重的感情色彩，後者則有較多的實際內容。

禮節性安慰，廣泛用於生人之間或不甚熟識的人之間，是人際交往中最為普遍的一種方式。比如探視不大熟識的病人，主要出於禮儀，安慰語一般都較為客套和淺表；參加他人的追悼儀式，安慰語大都簡短和樸素；還有，部門裡同事不慎丟了錢包，出於同情，自然會勸慰幾句。這種禮節性的安慰，寥寥數語，但對對方寬慰不小，有些哀愁由此可以得到緩解。然而，這種安慰深度不大。

要使安慰成為一種啟迪，使之具有一種感召的魅力，撥動被安慰者的心弦，那麼實質性安慰就更加需要了。所謂實質性安慰，就是把注重感情的安慰上升到理性的高度，它不僅是一般的同情和道義上的善意，而且是事實上的指點和理論上的啟迪，具有較高的實用價值和實踐意義。這種安慰在熟人、親戚、朋友之間經常採用。

那麼，如何使實質性安慰產生較好的效果呢？

首先，應確切地弄清楚被安慰者的心理狀況 —— 憂在何處，煩從何來，這是至關重要的。客套話固然可以安慰人，但往往沒有實質性的效

果。比如，一位年輕人，在戀愛上非常不順利，因此他產生了「沒一個女生是好人」的極端想法，內心極度痛苦，準備這輩子不結婚了。如果安慰者說：「朋友，何愁未來無知己，積極尋找吧！」這雖然是在安慰，但沒有說到問題的實處，因此無法解開對方心裡的「結」。假如是一位善於安慰者，或許應該幫他一起分析戀愛前後的情況，在此基礎上進行必要的開導，這恐怕比輕描淡寫說兩句更有價值。能夠說到對方心坎裡的安慰話，才是最實際、最有啟迪意義的。

其次，精心鑽研被安慰者易於接受的勸慰方式。從被安慰者的心理出發，選擇合適的安慰方式，也是使安慰產生良好效果的重要條件。比如，書信式的安慰比較適合於喜歡獨自思考、愛好清靜的人。人在感情起伏過大的情況下，透過書信勸慰有時比口頭勸慰更有效，因為書信發生效力的時間長，引起深思的觸點多。一封飽含感情、貼切、滲透哲理的勸慰信常常能使被安慰者從自我困擾中解脫出來。以禮物為形式的安慰能使被安慰者見物思人，增強戰勝困難的信心。當知己送來平日喜好的禮物時，安慰感便會油然而生，心境豁然開朗。一曲好歌、一盆青松、一幅圖畫，禮物雖小，但寓意深刻。這種借物寓情的安慰往往會產生微妙的作用，使對方了解安慰者真摯的情感和獨到的匠心，產生「心有靈犀一點通」的意境。閒逛式的安慰對需要放鬆心境、轉移情緒、一吐為快的人較為適用。有的人盛怒之下大發脾氣，或者獨自傷神。這時陪他到外面走走，邊走邊說，邊逛邊聊，或許能宣洩其激憤或鬱悶的情緒，減輕心理負荷，從而達到新的心理平衡。無聲式的安慰對互相熟悉、互相需要撫慰的人有特定的作用。人是有感情的，在一定時候和特殊場合下，用動作、眼神表示安慰有時會發揮「此時無聲勝有聲」的作用，達到獨特的安慰效果。

● 學會妥協

　　有人說，理性的妥協是消除「心理壓力」、適應社會環境的一種健康的心態，更是人際關係中的一種良好的合作行為，就像在兩個不同的數字之間去尋找一個公約數。這話很有哲理。

　　的確，生活的奧祕是無窮無盡的，並非一潭死水，難免會有磕磕碰碰，矛盾紛爭。就耳鬢廝磨的夫婦來講，妻子樂於社交，丈夫文靜內向；妻子熱愛文學，丈夫是個球迷；一方醉心於事業，另一方則更關心小家庭……這些都是非常自然的。要是彼此之間缺少諒解，各行其是，勢必傷害感情，使矛盾激化，為此分道揚鑣。環視我們周圍，包含著妥協的例子屢見不鮮：同一班級的學生，功課基礎參差不齊，聰明的教師「折衷」地選擇了一種教學進度，有些人因此被迫放慢了學習進度，有些人不得不快馬加鞭，迎頭趕上。假如同學們都不願遷就，無疑就要打亂正常的教學秩序，無法完成教學計畫了。

　　其實，妥協的涵義不僅在此，某些時候，自我意識的校正，自我心態的調整，同樣也是生活中的理性妥協。譬如對自己的能力、知識水準作出一個較為客觀的評價，適當降低成就欲和期待值，從而使自己擺脫沉重的失落，難解的怨氣，無名的惆悵，無煩無惱地去撥動自己的心弦，這難道不是生活之道的最佳選擇嗎？

　　當然，理性的妥協並不等於怠惰、麻木、迂腐和世俗，並非棄昨天而不思，避明天而不想，處今日而無慮，毫無憂患意識和危機感。也不盡是委屈求全，在一些大問題上，在諸如正確地教育子女、義務贍養老人、克服有害身心健康的不良嗜好等事情上，就沒法對無理的一方做出遷就和讓步。不過即使這樣，那也包含著平心靜氣的商量、耐心的疏導，曉之以

理、動之以情、導之以行，盡可能取得共識，使問題得到解決。

世界上的事情總是會有些說不清道不白或不盡人意的地方，但為了生活的微笑，為了緩解拮抗情緒，為了給人生航程「清淤」導航，您不妨學會理性的妥協。

● 笑是生命健康的維他命

「笑一笑，十年少」醫學專家也告訴人們：「笑是你生命健康的維他命」。笑的時候人體各部肌肉都處於活動狀態，而停止笑時，這些肌肉又都處於鬆弛狀態。肌肉緊張能引起疼痛，所以許多關節痛、風溼病及其他病痛患者從笑聲中可以獲益。如果我們能經常保持微笑，臉上的笑肌會使人看上去年輕、開朗、友善、親近。笑的時候，由於呼吸作用，給胸腔和橫隔膜增添活力，肺部會收縮、血液中的含氧量增高，因此笑是一種較理想的心臟和血液循環鍛鍊，對患有心肌梗塞、癌症病人的治療十分有效。高興時發出的笑聲，可使體內產生更多的免疫物質，能有效地消除疾病。笑能增加人的愉快感、幸福感，消除那種削弱防禦系統的惡劣情緒，對治療神經系統疾病有效。

在人們的正常生活中，如何去摘取笑的花蕾呢？

★ **多和愛笑的人在一起**：歡樂是能夠共用的，笑是有感染力的。和一個樂觀幽默愛笑的人待在一起，你就會被「感染」、情緒輕鬆而愉快。

★ **掌握引人發笑的訣竅**：人的笑意，有的發自內心，是真切的；有的嘿嘿卻是假笑。但是假笑能帶動體內的橫隔膜、且橫隔膜會將假笑引發真實，使你不自覺地發出由衷的歡笑。不必顧慮別人譏諷你傻笑，只要你獲得了笑對身體的益處就行。

★ **多看一些幽默的笑料**：看笑話，幽默類的書籍、圖畫、聽相聲、看小品等，使人不由自主地發笑、自己找笑，也可以摘抄或剪集笑料故事，給自己增添樂趣。

★ **多和天真的孩童在一起**：「想照亮世界，只有兒童這道曙光就夠了。」兒童的天真無邪、頑皮活潑、使你深感到人的天性之美。人生有一片「微笑的綠地」是給老人和孩子的。那盛開的花朵是孩子們的笑臉，綠草如茵，則是老人們心中的希望。

人生是一串煩惱的念珠，樂觀的人是笑著數完它的。笑會帶給你人生的奇蹟，笑會幫助你戰勝痛苦擺脫煩惱，忘記憂愁，帶來健康。願世上人和彌勒佛一樣笑口常開，讓生命灑滿歡樂的陽光。

● 如何使心靈充實？

空虛即無實在內容，不充實的意思。在漫長的人生道路上，空虛是令人煩惱的事。

為了排除愁緒，擺脫寂寞，有人借酒，也有人用菸，還有人尋找刺激，這些都是愚蠢的方式，並不能填補心中的空虛。精神空虛是一種社會病，它的存在極為普遍，當社會失去精神支柱或社會價值多元化導致某些人無所適從時，或者個人價值被抹殺時，就極易出現這種病態心理。

到底應該如何使心靈充實呢？

★ **調整需求目標**：心中的空虛往往是在胸無大志、沒有追求、沒有理想的情況下，覺得自己的生活沒有內容而出現的。因此，做生活目標的調整是十分必要的。根據個人的具體情況，制定出生活的長遠規畫和近期目標，以求實現，從而調動自己的潛力，就會覺得生活是非常有

意義的了。

★ **求得社會支援**：當一個人處在蹉跎與徘徊之時，特別需要有人給以力量，予以同情、理解和支持，只有在獲得支持時，才能覺得不是孤立無援的。而廣交朋友，在好朋友的勉勵和幫助下，這是社會支持的重要方面。當然親屬之間的支援也是不可少的。

★ **從書中汲取力量**：讀書是人類填補空虛的良方。因為書是人類經驗的結晶，是知識的泉源。讀書會使人找到解決問題的鑰匙，使人從寂寞和空虛中解脫出來。讀書越多，人的心靈就越充實，生活也就越豐富多彩。

★ **從工作中獲得希望**：工作是人擺脫空虛的極好對策。因為當人把精力集中到工作中時，就會有忘我的力量，使人忘卻空虛所帶來的煩惱，在工作成果面前倍覺自我價值增加，使人生充滿希望，解除不良心態的痛苦。

★ **轉移目標求得樂趣**：除了工作與讀書外，還可以用轉移目標的方法，透過繪畫、書法、音樂、雕刻、養花等方式，使困擾的心境平靜下來，從空虛的狀態下解脫出來。當有了新的樂趣後，會產生一種新的追求，這就逐漸完成了生活內容的調整，從而感到生活的意義，並填補了心理的空間。

● 年輕人的挫折心理

年輕人懷抱著許許多多的幻想、希望，為將其變成現實、他們會付出種種努力甚至作刻意的追求。當這種需求持續性地不能得到滿足或部分滿足，就產生了挫折，挫折也可稱為需要得不到滿足時的緊張情緒狀態。如

果挫折產生於較為重大的目標，如學業、工作、愛情等上，這種挫折可稱之為失敗；如果這種挫折的障礙與壓力持續時間長、影響範圍廣，使其處於一種不利身心發展的人生位置，則稱為身處逆境。挫折、失敗和逆境會給年輕人帶來失望、壓抑、沮喪、憂鬱、苦悶等緊張心理和情緒反應，心理學上稱之為挫折感或挫折心理。

挫新感在個體的青少年發展時期表現較明顯。這個時期的年輕人常常會因為對人生的思索、學業的擔憂、愛情的煩惱、社交的障礙而體驗到令人失意的挫折心理。導致年輕人挫折心理的原因是複雜的、大略可劃分為兩類：

★ **客觀矛盾是導致年輕人挫折心理的主要原因**：主觀指青少年的自我需求。客觀是指滿足其需求的現實條件。一旦主觀與客觀發生矛盾，客觀不能滿足主觀的要求，談會產生挫折感。主客觀矛盾的表現主要有：年輕人物質生活需求與社會、學校、家庭的有限物質條件之間的矛盾；學業成功、工作出色的願望與同學、同行競爭的矛盾；自我表現的需求與機遇不平等的矛盾；強烈的獨立、自主的需求與紀律約束的矛盾；社交的需求與自己在團隊中的地位之間的矛盾等。

★ **個性不完善也是導致有少年挫折心理的重要原因**：年輕人雖然朝氣蓬勃，思想活躍、興趣廣泛，勇於探索，富於創造性，但從社會成熟性來看，個性還不夠完善。如情緒不穩定，認知片面、自尊心與好勝心過強，理想浪漫，容易偏激，世界觀不明晰，缺乏扎實的實踐基礎，耐力不強等，年輕人這種不完善的個性成了挫折心理的溫床。

既然生活中挫折無處不在，逆境無時不有、那麼對挫折心理進行調適就極為必要了。在挫折面前，我們需要的是進取的精神和百折不撓的毅力，同時也更需要理智。具體說來，可以從以下方面著手：

★ 遇到挫折時應進行冷靜分析，從客觀、主觀、目標、環境、條件等方面找出受挫的原因、採取有效的補救對策。

★ 要善於正確了解前進的目標，並在前進中及時調擅自己的目標。年輕人要注意發揮自己酌優勢，並確定自己的奮鬥目標，全身心投人工作之中。如果在實施過程中，發現目標不切實際，前進受阻，則須及時調整目標，以便繼續前進。

★ 應善於化壓力為動力。其實，適當的刺激和壓力能夠有效地調動機體的積極因素。「自古雄才多磨難，從來紈綺少偉男」，人們最出色的工作往往是在挫折逆境中做出的。

要有一個辯證的挫折觀、經常保持自倡和樂觀的態度。挫折和教訓使我們變得聰明和成熟，正是失敗本身才最終造就了成功。我們要悅納自己和他人他事，要能容忍挫折，學會自我寬慰，心懷坦蕩、情緒樂觀、發奮圖強，滿懷信心去爭取成功。

● 正常人的「不正常」感知

好多人都曾有過這樣的疑問：我（或別人）這麼做，或這麼想，或這種感覺，究竟正常不正常？在什麼情況下得去看心理醫生？朋友，請瀏覽下文，注意每一個小標題，從中找出你感覺「不太正常」的方面，然後讀完後面的解釋，你自然就會得到答案。

如果你懷疑自己生了病：

很多人都會將輕微的不適看成嚴重疾病，反覆檢查。這在親友、鄰居、同事因某種疾病英年早逝或意外死亡之後。更容易出現。如果檢查後一切正常。且能接受醫生的勸告，屬正常。

★ **如果你認為自己疑心太重**：任何人都有「自我暗示」的傾向，即認為外界事物對自己有著某種含義。當你走進辦公室時，同事立即停止了談話，你也許會懷疑。他們是不是在議論自己？有人離開房間時，把門關得特別用力，你也許會想。他是不是對你有意見？有人說辦公桌的物品被偷了你或許會想。會不會懷疑是我做的呢？主管匿名責備某種不良現象，你或許會認為。主管責備的正是你。這種現象通常是一時的，而且經過片刻的疑慮之後你就會醒悟過來。如果上述現象持續存在，並影響你的生活、工作，那就屬於病態了。

★ **如果你產生了錯覺和幻覺**：正常人在光線暗淡、恐懼緊張及期待等狀態下可出現錯覺。但經重複驗證後可迅速糾正。成語「草木皆兵」「杯弓蛇影」等均是典型的例子。如果反覆多次出現錯覺，要考慮是否存在腦器質性精神病。正常人在期待、心情非常迫切（如等候朋友或等待約會時）的情況下，可聽到「叩門聲」「呼喚聲」。經過確認後，自己能意識到是幻覺現象，醫學上稱之為心因性幻覺，這完全正常。兒童在入睡前可能有錯覺、幻覺但持續時間短暫。

屬正常。正常人在入睡前和醒前偶有幻覺體驗，也不能視為病態。心理暗示可使正常人產生幻覺。毒品、某些藥物、練氣功可使人產生幻覺體驗，但停止用藥和練氣功後幻覺消失，屬正常範圍。

★ **如果你產生了不必要的擔心**：站在很高但安全的地方（如站在大橋上或站在電視塔上）時，一些人會出現恐怖感，有時也會想，自己會不會往下跳，跳下去會是什麼情景，甚至擔心是否會把小孩扔下去。如果這些想法很快得到糾正，不再繼續思考，屬正常。

● 正常人的「不正常」心境

好多人都曾有過這樣的疑問：我（或別人）這麼做，或這麼想，或這種感覺，究竟正常不正常？在什麼情況下得去看心理醫生？朋友，請瀏覽下文，注意每一個小標題，從中找出你感覺「不大正常」的方面，然後讀完後面的解釋，你自然就會得到答案。

★ **如果你感到很疲憊**：如果這種疲勞感類似於神經衰弱，你能找出相應的原因。且持續時間相對短暫，不伴有明顯睡眠和情緒方面的改變。經過良好的休息和適當的娛樂即可消除和減輕。則完全正常。

★ **如果你認為自己睡眠不正常**：正常人有時會通宵不眼，但一般均有現實原因，很多情況下是一種「正常」反應。如一個人失戀了他能睡著嗎？一個人考了零分他能安心睡覺嗎？但一個人持續一星期以上的失眠，應找心理醫生就診。

★ **如果你感到焦慮**：焦慮反應是人們對環境中的一些特定情況進行適應的一種反應方式，比如說你第一次上講臺授課時會很焦慮，因為害怕講不好。通不過。正常的焦慮反應通常有其現實原因，也不會反覆出現。如面臨升學考試，有些學生坐立不安，有的達到非常嚴重的程度。升學考試過後。如果一切煙消雲散。屬正常情緒反應。

★ **如果你感到心情憂鬱**：正常人在日常生活中都會有心境的波動。災禍突然降臨會使人處於「急性」的悲傷之中。通常持續 30 ～ 60 天有的可達到較為嚴重的程度。但一般不會超過 6 個月，否則應視為病態。

★ **如果你覺得自己容易「上火」**：有的人有時會出現暴怒的情況。變得衝動，甚至會毀壞物品。如果有「促發事件」。而且本人較快地恢復了平靜，事後常感到後悔。並能理智地向他人道歉，應視為正常。

● 正常人的「不正常」性情

好多人都曾有過這樣的疑問：我（或別人）這麼做，或這麼想，或這種感覺，究竟正常不正常？在什麼情況下得去看心理醫生？朋友，請瀏覽下文，注意每一個小標題，從中找出你感覺「不大正常」的方面，然後讀完後面的解釋，你自然就會得到答案。

★ **如果你懷疑自己有「強迫症」**：有些腦力勞動者。特別是辦事認真的人，晚上難以入睡，反覆思考今天做了些什麼事，或明天計劃要做點什麼。自己意識到這種思考沒有必要，但還是反覆地想。或者，有時我們會想，這件事是不是得罪了某個人，有時我們會反覆檢查門是否鎖好了，信是否裝錯了信封…如果這種「強迫現象」持續時間不長，不影響我們的生活和工作，仍屬正常範圍。

★ **如果你想知道自己性格是不是有點古怪**：「人上一百，形形色色」。性格不可能都是一樣的。有些人的個性並沒有達到病態人格的程度，但為人處事或在某些方面又和很多人不一樣，屬於正常性格變異。性格變異是普遍存在的，如果性格的某一方面發展不足或過度，個人行為有一定「特點」，不能輕易地給予病態人格的診斷。病態人格是指早年發展起來的人格偏離，存在高度的適應不良，對周圍和自己均帶來危害。這種人對人格缺陷缺乏自知力，不能從失敗中吸取教訓往往造成人際關係衝突，周圍人也深感頭痛。我們常說的「二百五」、「糊塗蟲」等，除智商低下和人格障礙外，大部分屬於高級功能協調欠佳，屬正常範圍。

★ **如果你想知道自己的行為出不出「格」**：有些人在獨處時，自言自語甚至邊說邊笑。但有客觀原因，只要能選擇場合，能自我控制，不影

響工作，屬正常範圍。有些人有明顯的自戀傾向，自我欣賞，每天反覆多次照鏡子甚至於請親友欣賞自己的容貌、服飾等。但能自我控制，也屬於正常範圍。有些女孩子剃光頭，男孩子綁辮子，刻意穿破衣服。行為明顯「脫離」社會規範，但結合其所處的生活圈來看可以理解，屬正常範圍。

★ **如果有人讓你感到不可理喻**：婦女和兒童常有「歇斯底里」的現象。有些女性和丈夫吵架時。會盡情發洩、大吼大叫、撕衣毀物、痛打小孩，甚至威脅要自殺。另外。兒童可能會把自己幻想的內容當成現實，繪聲繪色地描述出來，這是由於中樞神經系統不完善、不成熟所致。對這類現象，你可給予一定的重視，但不應把它們視為異常。

● 警惕！令你自毀的十二種心理陷阱

「我怎麼會這樣？」「我怎麼老是破壞自己的好事呢？」「我為什麼始終得不到我想要的呢？」這些痛苦的呼聲來自各行各業自毀前程的人心中。想要預防或克服自毀行為，有一種障礙必須跨越，那就是你必須先能察覺內心推動你自取其敗的力量。仔細考慮一下，看自己有沒有下面列出的足以使當事人沉溺在自毀的漩渦中無法自拔的 12 種最常見的心理陷阱。

★ **求敗的性格**：有些人的性格天生就傾向於自取其敗。他們一再地自陷於受欺壓、被打擊的絕境，而且一籌莫展，就是眼前擺明瞭有退路、出口，他們還是視而不見，拒絕利用。就算是能夠勝任的工作，他們也一再地失敗。

★ **自戀狂**：妄自尊大，過於自負，自視過高的人，通常會一頭撞入自毀之門。自戀狂常常需要別人不停地讚美、愛慕，該否定卻肯定，為了

讓對方喜歡自己，常不分青紅皂白地答應別人的所有要求。

★ **情感幼稚**：以幼稚的行為引起他人的注意，在工作場合扮小丑以引起他人的注意，如此很難得到他人的尊重，實在是一種打擊自己事業的方式。

★ **求敗的認知**：缺乏自信，劃地自限，總認為自己會失敗，有錯誤的預期心理，自己造就出失敗的意境，豈有不敗之理？

★ **虛幻的期望**：志大才疏，對自己的才能和潛力不能作出明智的估測，對自己要求過高，生活目標極不現實。不切實際的妄想，只會自取滅亡。

★ **自卑過重**：自卑感嚴重的人在自尊心作祟下，有時會做出荒誕之舉以證明自己的價值，結果反而自取其敗。自卑的心理會使他們認為自己先天即不足，後天又失調，自然無法和別人競爭。

★ **報復心強**：報復心強者，易意氣用事，心中常滿是怨怒，一旦急火攻心，常只顧著發洩情緒而不聽勸，無法泰然面對挫折，結果失去人緣，陷入麻煩中。

★ **尋求注意**：喜歡出風頭，只有成為別人注目的焦點，才能抵擋襲來的寂寞、沮喪、焦慮等不佳情緒，但出風頭的方式往往適得其反，不惜以給別人留下笑料，對別人皺眉頭的反應也甘之如飴，喜歡高談闊論，自吹自擂，企盼別人的稱讚。

★ **追求刺激**：有些人愛走偏鋒，只有在將生活的步調轉得很快，暈頭轉向之後，才會快樂。但只顧追求刺激常使人失去正確判斷。這樣的人最好能夠學會控制自己尋歡的慾望，將自毀的機會降至最低，使自己不必借助刺激麻痺自己，也能快樂地生活。

★ **欺世情結**：有些人總認為自己的才能不像別人想像中那樣好，總擔心有一天會被揭穿真相，從而內咎深重，以致於以自尋毀滅來懲罰自己，比如做主管者可能會突然做出一個瘋狂決定來證明自己根本沒資格做主管。

★ **執拗多疑**：心胸狹隘，整日疑神疑鬼，總在揣測別人的動機，計較同事是否在背後算計你，勢必會降低工作精力，影響你的人際關係，導致周圍人的疏遠、反感和冷落。這些偏執狂自導自演的行為，最終使預言成真。

★ **中年危機**：感到中年危機者，對工作事業都不滿意，認為眼前沒有任何挑戰值得全力以赴，變得死氣沉沉，喜怒無常，悲觀消極，從而做出自毀之舉。

● 高科技時代的新自卑情結

戀母情結，灰姑娘情結，這都是我們早已了解的歷史悠久，情況複雜的自卑情結。可是你聽沒聽說過旁觀者情結，稻草人父母情結，網路成癮情結⋯⋯這些五花八門的怪異名詞。好在我們今天的社會發展神速，這些新的自卑情結剛一露頭，防治它們的辦法就已經產生了。

網際網路，行動電話，奈米技術，複製生物⋯⋯所有高科技的產品不僅改變了圍繞在我們周圍的事物形態，也改變了統治我們生活的原則。資訊從來沒有像今天一樣如此迅速大量地傳播。50 年來人類創造發明的新技術占有史以來的 90%。這些經由人類思考發明的產品反過來改變了人類的思想，同時也醞釀出前不見古人的新情意結。正如所有人類的進步也帶來相應的副作用，所有這些新技術的應用也給我們帶來了新的自卑情結。

稻草人父母情結

安姓夫婦都是接近 40 歲的舞臺工作人員，他們不惜一切代價想要個孩子，於是他們的試管嬰兒小艾出生了。這對夫婦總結這段經歷時感嘆：「這是一場勇士作戰的征途，很多時候艱難得讓人只想放棄。我們經過多次實驗才得到了這個孩子。」

在實驗室的試管和所有技術的應用面前，這個即將誕生的孩子的命運更多地掌握在胚胎師的手中。孩子的真正的父親的角色被縮減成了一個精子提供者。胚胎師替代了他的角色來決定孩子出生的時間

以至於很多試管嬰兒的母親認為胚胎師才更像孩子的父親。一個胚胎師抱怨多年以後，他的女病人還在給他打電話，為了孩子上哪所學校詢問他的意見，因為她們說：「他的意見非常重要。」

心理學家告誡：不要忘記孩子的父親，不管他是否有性缺陷，都是幫助孩子形成平衡人格的不可替代的角色。生一個孩子容易（相對而言），撫養一個孩子很難。胚胎師完成了他的工作後就萬事大吉。他沒有精力，也沒有興趣去關注所有他培育出的孩子。

旁觀者情結

「我覺得我生不逢時，」35 歲的衛先生說，「我已經趕不上那班快車了，難道我要當一輩子旁觀者嗎？」

出生在恐懼和危機四伏的年代，他們的觀念是找個穩定的工作，別出錯，安安穩穩過生活。在循規蹈矩的生活中他們忽然發現，有些新興的行業可以使人一夜之間變成百萬富翁。等他們回過神來，就已經發現這些產業的金字塔已經排列就緒，穩坐高處的是比他們更年輕的一代人。財富的列車越開越快，他們根本不可能飛身躍上，只好眼睜睜看著它疾駛而過了。

　　網際網路等新技術的應用使我們的生活像在風馳電掣中。時間的概念和幸福的概念都產生了巨變。人們更加去追求一時的閃光燈快門式的快感。

　　心理學家告誡：不要沉迷網路。放棄對力不從心的事物的追求，潛心觀察自己內心的力量和興趣所在。通往幸福的道路千萬條，關鍵在必須去尋找。

婚姻猶豫情結

　　29歲的亞女士說：「最近，我和我的未婚夫卡林把周圍離婚的朋友數了一遍，得出的數字真讓人洩氣。甚至有時我們也想放棄結婚，現在這種進退不得，沒有進展的關係讓人沒有發展的願望，為什麼我要相信一段隨時會結束的感情並為之投入呢？」

　　身邊有離異的父母或者離異的朋友，身為雜誌的讀者或是收音機的聽眾，我們明白現時代的愛情往往虎頭蛇尾。婚姻不再是終身的合約，在簽定它的時候不需要考慮再三。所以我們在投入愛情時也變得猶豫，欲拒還迎。怎麼能夠說服自己把最美好的生命奉獻給一個隨時有可能離開你，或幾年後就要更換的人呢？對一個路人和一個要與自己一起數退休金的人，我們的做法肯定是不同的。

　　局面也許不是那麼理想。可看看有多少例子，很多女人寧願在已經毫無生氣的家庭中滯留也不願離開。離婚也是一種勇氣，一種對新生活的嚮往。

　　心理學家告誡：給我們的愛情一次機會，尊重自己的感覺，尊重自己的意願，創造屬於我們自己的童話故事。同時不要忘記，離婚是一項權利，而不是愛情的墳墓。

永遠不老情結

「我還在長青春痘，但皺紋已經開始出現了。這太令人絕望了。」夏小姐這樣說。她的母親抱怨道：「夏是我的長女，她還不到 30 歲，但她已經想著要去做電波拉皮手術了。真不知她到了我這個年紀還要做什麼。」

現在的人共同的恐懼：青春怎麼才能延得想多長就多長？

從美學的角度上來說，年輕人肯定比年長的人好看，這一點沒有異議。但人們從來沒有被當今如此之多地電視，廣告，雜誌上的俊男美女所包圍，他們毫無皺褶，容光煥發的臉和輕盈結實的身體時刻在提醒著青春已在一天天遠離我們。新技術的應用並沒有改變我們依然會衰老這一事實，也沒有發明某種藥物可以讓我們忽略這個問題的存在，唯一解決的辦法就是去找整形醫生了。

在中世紀的歐洲，人們的社會地位決定了他們的外表。占總人口百分之二的貴族們外表美麗，舉止優雅，追求生活的樂趣。而占總人口百分之九十八的是貧苦的農民在繁重的體力勞動和艱苦的生活環境中變得粗糙醜陋，很多人的壽命都在三十歲左右。

而現今的社會中，我們已經很難從身體條件來分辨一個人的社會地位了，所有在意自己外觀的人都是漂亮光鮮的。女人的平均壽命突破了八十歲，男人們頻繁出入健身房來維持自己結實的肌肉。任何一部電器連孩子的手指都可以開動，不需要任何體力的付出。

心理學家告誡：年輕其實是心理上的年齡概念，如果我們認為自己依然年輕，就會很積極地從事很多有意義的活動來改善自己的生活品質。擁有一顆年輕的，積極向上的心才是靈丹妙藥。它可以讓你忽略臉上的皺紋（這除了外科醫生誰也沒有更有效的辦法），邁著輕鬆的腳步走向你要做的每一件事情。

網路成癮情結

「每次我的手機沒有訊號或者無法上網的時候，我就被一種惶恐的情緒所控制。」27 歲的獨立設計師王先生說：「我就算淋浴的時候也要把手機放在一邊。」

在人類歷史上，我們是首批如此長時間地坐在辦公室裡，面對一臺發光的螢幕，只動動手腕，手指和眼皮的人。眼睛刺痛，頸椎病，肌腱炎是這個時代的流行病。更有駭人聽聞的理論說手機的使用會導致腦癌……那為什麼我們還會如此依賴這種「坐式」生活和這些科技手段呢？

網際網路使人類實現了一個夢想，那就是我們可以無處不在。現在對很多人來說最大的困難是如何從網路上脫離，因為他們擔心被社會遺棄。這種自卑情結襲擊的主要對象是那些總感到孤獨，總希望有人陪伴，在現實生活中卻沒有勇氣去結識朋友的人。

心理學家告誡：不要忘記對網路的依賴和對其他任何事物的依賴一樣，都是一種不獨立，缺乏自信的表現。不要忘記我們人類還擁有一個身體，擁有大街小巷，擁有咖啡館和餐廳，擁有大海和性愛。

高科技掃盲情結

「每次對別人說我沒有手機也從來沒有使用過網路的時候，對方總是用充滿憐憫的眼神看著我。」26 歲的藝術系學生維維說，「我很擔心，因為如果掌握不了這些，在今天的社會就會像一個殘廢一樣。我是不是會變成一個無用的人而被社會拋棄？」

網路對我們的生活進行了密集轟炸。它的晦澀的技術詞彙成了我們日常生活中的語言，我們聽到的重複最多的一句話是「未來是屬於網路的」。

　　人群被分成了兩部分，一部分人高舉著金光閃閃的 E 傲視一切，另一部分被網路遺忘的人惶惶不可終日。就連最小孩子也知道如何操作滑鼠，那些不掌握此項技術的成年人怎麼能不感到被時代遺忘呢？

　　心理學家告誡：在擁有電腦並熟練應用的人和沒有電腦或不會使用電腦的人之間，知識的鴻溝是非常容易越挖越深的。很多在其他領域內的佼佼者面對電腦就變得愚昧無知。當我們感到與時代脫節時，心理的壓力來自那些自認為無法掌握的技術，也來自那些緊隨時代腳步的人。所以我們不要一味地去埋怨技術的侵入，難道我們對新技術的抵抗不是一種嫉妒心的表現嗎？在作戰之前，不要搞錯自己的敵人。敵人往往是我們自己的怯懦。

克服自卑情結的法寶 —— 彈性心態

　　在物理學的詞典中，彈性物體指的是在受到衝擊後還可以恢復原狀的物體。心理學家推崇彈性心態 —— 即對往事的抗衝擊性，接受矛盾的打擊，自我調節，自我治癒的能力。這種能力並不能讓我們永遠不會產生自卑情結，它教會我們的只是如何去克服它們。彈性心態是我們與生俱來的，只要後天開發得當，它會越來越強大，成為我們自我保護的最佳方式。應該接受的是，生活並不是一場持續的娛樂。接受挑戰，奔赴戰場，無論是勝利還是失敗，我們獲得的都是寶貴的經驗。自卑情結並不可怕。

● 你有「心理飽和」現象嗎？

　　「飽和」一詞是化學術語，將溶質加人溶劑中，當溶質不能再溶解時，叫作「飽和」。「心理飽和」則是指心理的承受力到了不能再承受的程度。

　　如：卓別林在《摩登時代》中扮演一名工人，每天做著「鎖螺絲」的工作，做久了，他看見路過女人胸前的一對鈕扣，也用扳手去轉。又如：一位主管參加書法大展，工作人員請他題字，他信手寫下「同意」二字。這雖屬笑話，卻也是心理飽和的典型例子。

　　心理飽和現象在生活中幾乎隨處可見。有個美國商人去印第安人居住地旅遊，他見那裡的編織草帽很漂亮，於是問道：「買一頂多少錢？」對方回答：「10 元。」「如果我買 100 頂同樣的草帽呢？」「每頂 20 元。」「為什麼我批發反而更貴？」「做一頂我們感到很新鮮，做 10 頂我們要耐著性子，而要做 100 頂相同的草帽，我們要怎麼強忍住不耐煩！」心理飽和導致這筆生意失敗。

　　心理飽和多為負面效應。比如，老師安排 100 道數學題，學生開始做作業時，動作快，正確率也很高，但做到後來，速度慢了，還常出差錯，同時出現厭煩情緒。同理，工人做同樣工作，主管伏案辦公等，都可能出現心理飽和的現象，簡而言之，他們倦怠了。

　　現在婚外情的現象比較多，其實也是心理飽和在作怪。兩夫妻結婚幾年或十幾年，一直在一起生活，對方的一舉一動言行舉止，自己都瞭若指掌，彼此之間漸漸失去了當年的新鮮感，就連性生活也遠不如新婚時那麼痴迷，彼此要說的話都說過了，要做的事也都做過了，隱藏著的厭倦開始萌生。此刻，一旦碰到別的異性向他（或她）投來異樣的目光，飛來意味深長的媚眼時，他們便感到新奇、刺激，覺得對方比自己的配偶有趣，假如墜入情網，便難以自拔。縱觀各種婚外情，屬於心理飽和的占相當大的比例。

　　心理飽和的能量很大，許多自殺事件均由它而起。所以，有人又把心理飽和戲稱為「自殺者的幫兇」。小李去醫院看病，醫生診斷為「疝

氣」。小李識字不多，誤把「疝」字認作「癌」字，以為自己得了絕症。因他性格內向，既不敢向醫生求教，也不願意告知父母，自己悶在心裡。他越想越怕，越想越絕望，最終達到心理飽和的程度，草草留下一紙遺書，自殺身亡。

由此可以看出，心理飽和是一種「不安定因素」，對人有害無益，不過，它並非不治之症。比如，當每天做同一工作出現厭煩情緒時，你不妨放鬆一點：活動活動身體，極目遠眺片刻，或散散步，或與別人說說話，分散一下緊張的情緒，這樣，可以減少心理飽和為你帶來的精神壓力。

因心理飽和導致的婚外情，是個複雜的社會課題，然而，只要「預防在先」，同樣可以將它消滅於萌芽之中：一是夫妻雙方都要自律，莫放縱，立場堅定地拒絕外來的挑逗、誘惑，對配偶負責，對子女負責，對家庭負責；二是婚姻也要「更新」，夫妻都應不斷地提升自己的內涵，充實自己，使自己成為一部一讓對方永遠看不厭的「好書」，不使配偶產生心理飽和。

至於懷疑自己患有絕症而自殺的心理飽和現象不多，但對自己疾病是否能治癒而產生的心理飽和現象卻是屢見不鮮的。身為病人，首先要有堅強的信念，相信自己能戰勝病魔。若解不開心中的結，可以查詢書本，請醫生指導，對親友傾訴，以求正確答案，將憂慮解除，別讓心理飽和成為自己的包袱。

對於心理飽和，我們應有清楚的認知：在我們的生活中，它無處不在，並時時干擾我們的正常生活。我們應該有充分的心理準備和預防對策，一經遇上它，要沉著，莫驚慌，要善於知己知彼，採取各種有效的方法，將它「大事化小，小事化無」，讓它遠離我們的正常生活。

● 求同心理

　　如果你到首爾奧林匹克主競技場去觀看 OB 職業棒球隊的比賽，並恰巧坐在 OB 隊運動員座位上方的位子，周圍都是 OB 隊的啦啦隊。當 OB 隊的主攻手金亨錫上場進行全壘打時，周圍的觀眾都站起來鼓掌歡呼。這時如果唯獨有一個人坐在那裡，那麼別人肯定會覺得他十分奇怪甚至彆扭。所以你自己也不得不跟著站起來，即使心裡覺得這樣做不合適。這就是因為你有「求同心理」，不管自己是否願意作出某種行為，你也會盡量與周圍的人保持一致。

　　有一項實驗可以證明團體的統一意見能強烈地喚起人的求同心理。

　　A 紙上畫了一條線，B 紙上畫了三條線，這三條線中有一條與畫在 A 紙上的線長度相同。要求被實驗方在這兩張紙上的四條線中找出兩條長度相同的線，而誰都能看出 B 紙上的三條線長度明顯不同。

　　我們想要知道的是如果在 7 名被實驗者中有 6 名一致回答錯誤，那麼剩下的那個人會不會也與其他人一樣作出同樣的錯誤回答呢？雖然正確答案十分明確，結果卻顯示有三分之一的被實驗者作出了同樣的錯誤回答。但如果前 6 人中有 1 人回答正確，求同率便會大大降低。可見人在多數面前顯得多麼軟弱。

● 走出自我欺騙的心理迷思

　　自我欺騙起源於人們普遍具有的性格特點 —— 虛榮心，尤其是缺乏他人的尊重時，這種自我欺騙就成了尋求自我心理平衡的一種「訣竅」。偶爾為之，可以說是一種無害的行為，甚至能夠對自己產生激勵，成為驅使自己奮發向上的內在動力。但是，一個人如果終日沉溺於白日夢和自我

欺騙中不能自拔，則無疑會導致人格的畸形發展。喜歡自欺的人，既不能使自己的品格更完美高尚，也無助於在生活中謀取成功。還往往在現實中發生過激行為，企圖用相反的事實來掩蓋自己的弱點。

一個好萊塢的著名演員，因妻子鬧離婚而心煩意亂，這種惡劣心境影響了他的日常工作。當他觀看了自己拍攝的電影後，發現自己在影片中的表演極其混亂和不真實。於是，他沮喪絕望，認為自己不再會受到觀眾喜愛了，甚至一度打算退出影壇，另謀生路。最後，他接受了心理醫生的忠告，舉辦了一次記者招待會。向人們解釋了為什麼他心情一直鬱鬱寡歡，從而不能成功地演好電影的原因。他把自己因生活瑣事而影響了工作的愚蠢行徑公諸於眾，暴露出自己的缺點。記者們為他這種直率和坦誠所感動，懷著極大的同情為他作了報導。他也因此一舉擺脫了憂鬱煩悶，名望也隨之大振。可以想像，一個習慣於自我蒙蔽的人，是不會公開承認自己有缺點的，因而也難得體會到社會承認的快慰。

我們應該勇於袒露自己的內心世界，這樣才能使自己走上生活的坦途。你是一個人，不是一臺機器，你會出錯、會失誤，你有你的弱點，這些都是非常自然的事，只有完美無缺的人才會令人奇怪。真正的完美是真實自然的代名詞，而不是毫無暇疵的象徵。有一次，記者問棒球明星史蒂夫·賈維（Steve Garvey）：「你從來沒有哭過嗎？」史蒂夫回答說：「是的，我從不掉淚。」記者對他說：「我認為你倒不如像大多數人一樣，有時不妨也掉掉眼淚，這樣才能證明你是一個真正的人，一個有喜怒哀樂感情豐富的男子漢。」有的人以為不暴露自己的煩惱和弱點，以此可以贏得人們的尊重。但恰恰相反，人們不會喜歡他。實際上，隱藏的內心世界，正是別人希望看見的。認知到自己的錯誤或弱點，並加以改正和克服，會使你受到他人的加倍尊敬。金庸小說中經常闡述的一個思想是「唯大英雄

大丈夫能顯英雄本色」。所謂本色，就是真實自然地表現你的人格，而不是極力遮掩，偽裝高尚，故作多情。

弱點人皆有之，即使是你崇拜的人物，他們也不是完人，而是活生生的、有血、有肉 —— 具有弱點的人。大人物尚且如此，我們又何必迴避自己的弱點，自我欺騙！林肯的競爭對手有一次指責林肯是個雙面人。林肯回答說：「如果我還有另一幅面孔的話，我就不會長得像現在這個樣子了。」林肯相貌不佳是眾所周知的，如果總是忌諱別人指責他長相的缺陷，那麼流傳下來的就不是一段佳話，而是一段尷尬狼狽的場面了。

● 焦慮症

什麼是焦慮症

我們每個人都知道什麼是焦慮：在你面臨一次重要的考試以前，在你第一次和某位女孩約會之前，在你的老闆大發脾氣的時候，在你知道孩子得了某種疾病的時候，你都會感到焦慮。焦慮是有進化意義的，它往往能促使你鼓起力量，去應付即將發生的危機。但是，如果你有太多的焦慮，以至於達到焦慮症，這種有進化意義的情緒就會發揮相反的作用 —— 它會妨礙你去應付、對處理面前的危機，甚至妨礙你的日常生活。

「焦慮」這個詞在我們的日常生活中被廣泛使用，它在變態心理學或者臨床診斷中有不同的含義。在臨床上說「焦慮」時，指的是一種沒有明確原因的、令人不愉快的緊張狀態；而「焦慮症」指的是很大一類障礙的總稱，不僅包括我們平時所指的焦慮症（在正式診斷中，我們叫作一般性焦慮症），而且還包括強迫症、恐懼症、驚恐症、創傷後障礙、等等。這

裡專指我們平時所指的焦慮症，而另行討論強迫症、恐懼症、驚恐症、創傷後障礙。

焦慮症的症狀學

焦慮症是一種普遍的心理障礙，在女性中的發病率比男性要高。流行病學研究顯示城市人口中大約有 4.1 ～ 6.6% 會得焦慮症。

焦慮症的主要症狀是，病人充滿了過度的、長久的（持續在六個月以上）、模糊的、不明原因的焦慮和擔心。其具體症狀包括以下四類：身體緊張、自主神經系統反應性過強、對未來無名的擔心、過度機警。這些症狀可以是單獨出現，也可以是一起出現。

身體緊張：焦慮症患者常常覺得自己不能放鬆下來、全身緊張、面部繃緊、眉頭緊皺、表情緊張、唉聲嘆氣。

自主神經系統反應性過強：焦慮症患者的交感和副交感神經系統常常超負荷工作。症見出汗、暈眩、呼吸急促、心跳過快、身體發冷發熱、手腳冰涼或發熱、胃部難受、大小便過頻、喉頭有阻塞感。

過度機警：焦慮症患者無時無刻不處在警惕狀態，影響了他們做其他所有的工作，甚至影響他們的睡眠。

對未來無謂的擔心：焦慮症患者總是為未來擔心。他們擔心自己的親人、財產、健康。

焦慮症的診斷標準

1. 在過去六個月中的大多數時間裡，對某些事件和活動（比如工作進度、學業成績）過度擔心。
2. 發現難以控制自己的擔心。

3. 焦慮和擔心與至少下面六個症狀中的三個（或更多）相連繫。

　　注意：在兒童中，只要一個下述症狀就可以了。

- 坐立不安或者感到心懸在半空中
- 易激怒
- 難以集中注意力，心思一片空白
- 容易疲勞
- 肌肉緊張
- 睡眠問題（入睡困難、睡眠不穩或不踏實）

4. 焦慮和擔心不是由於被細菌感染（強迫症）、驚恐發作（驚恐症）、當眾出醜（社交恐懼症）、長胖（神經性厭食症）、嚴重疾病（疑病症）等等引起。

5. 焦慮、擔心和軀體症狀給個體的社交、工作和其他方面造成了有臨床顯著意義的困難。

6. 上述症狀不是由於藥物的生理作用（例如，服藥，吸毒，酗酒）或者軀體疾病所引起（例如，甲狀腺分泌降低），也不僅僅是發生在情緒障礙、精神病性障礙、或普遍發展障礙之中。

焦慮症的病理學

　　焦慮症是由什麼引起的？到現在為止我們還不能完全回答這個問題。現有的研究顯示：

★ 軀體因素。軀體疾病或者生物功能障礙，如甲狀腺亢進、腎上腺腫瘤可引發焦慮。

★ 認知過程和思考。病人傾向低估自己的能力和態度消極。

★ 壓力事件的發生。

焦慮症的治療方法

精神分析學派、認知行為和生物醫學的研究者從各自的理論出發，為焦慮症提供了各自不同的治療方法：

精神分析治療：因為精神分析學把焦慮症的起因歸結為壓抑的無意識衝突，所以，焦慮症的精神分析治療，就是幫助患者領悟他們的內在心理衝突的根源。

認知行為治療：根據患者的具體症狀的不同，運用不同的方法來治療：

★ 焦慮症狀與情境有關：透過運用「情境分析」，找出患者的焦慮症狀由情境中的哪些關鍵因素造成的，然後運用「系統脫敏」的技術，降低患者對這些特定因素的焦慮程度。

★ 焦慮症狀游離於任何特定情境：運用「放鬆訓練」來降低病人的整體緊張程度。

另外，可幫助患者透過學習有用的技巧，來提升患者面對各種情境的信心。

藥物治療：抗焦慮藥物是最常用的治療焦慮症的方法。但是抗焦慮藥物長期服用會對某些內臟器官有損害，而且抗焦慮藥物往往有成癮性。抗焦慮藥物的最大問題是：停止服用，症狀重新出現。

● 揭開憂鬱症的面紗

沒有哪一種理論能解釋和說明憂鬱症的所有方面。有的專家傾向將情緒的波動歸因於大腦中的生物化學變化；另外一些專家則將憂鬱症歸因於童年早期的經歷。此外還提出了無數的理論，其中有些理論，就現有的知

識來說，僅具有學術上的意義。儘管這樣，還是有一些意見對克服你的憂鬱問題有所幫助。

憂鬱是一種失落

佛洛伊德將憂鬱看作是對失落的一種反應。將焦慮看作是對威脅的反應，憂鬱是對失落的反應，這個觀點是多年來被證實的一種觀點。佛洛伊德是透過觀察哀傷（對失去親人的正常反應）與憂鬱之間的相似性而得出憂鬱是對失落的反應這個觀點的。但是在許多人的病例中，當他們感到憂鬱時，他們的生活中並沒有發生明顯的失落。這種現象使佛洛伊德考慮到憂鬱症的患者可能是由於遭遇其他某些並不明顯的失落所致。這個觀點的用處在於它能幫助你考慮在導致和加強你的憂鬱症的諸多原因中，哪些失落可能是主要原因。這類失落不一定就是喪親之痛，它們可能是地位的失落，希望的破滅，或自我形象的損傷。

★ **病例 1**：張三在 52 歲時生了一場輕微的心臟病後，就陷入了憂鬱症。他過去總是為自己的身體健康而自豪。他的憂鬱就是對他認為自己是 100% 健康的自我形象的失落而「哀悼」。

★ **病例 2**：李四是一位 65 歲的退休老人，他原先是一家化學公司的總經理。退休一年半後，他由於憂鬱症而來進行心理治療。他過去從未出現過嚴重的憂鬱。他的憂鬱症來自地位的失落。自我價值意識與在公司內的崇高地位緊密連繫在一起，失去了職務也就失去了他的自我價值。

憂鬱是把進攻轉向自身

王五是一位脾氣溫和的女人，35 歲，卻飽受憂鬱的折磨。她討厭吵架，每當她的丈夫大聲怒斥孩子們時，她總是一言不發，悄悄地離開房

間。她把自己形容成一隻蝸牛，退縮在自己的安全殼內。當她憂鬱症發作時，總愛說自己是何等無用，何等無價值，而周圍的人又是何等了不起。此時她的腦子裡充滿著自己一文不值的想法，而周圍發生的每件事情似乎都在證明著她的想法是對的。看來她除了否定自己之外，大概從來沒有對任何人產生過否定的想法。朋友們認為她是一位非常厚道、溫柔同時有點逆來順受的人。她的丈夫從來不管孩子，只要有妻子在家照顧，他就與朋友們出去喝酒。那麼，她對丈夫的行為感到過生氣嗎？是的，她確實生過氣，但是她總是在連續幾個月固定到身心門診求助之後，才能接受自己對丈夫任何一點否定的想法。有一天她感到比往常更加憂鬱，來到了診間。她的丈夫跟朋友們出去喝酒，已經連續三天沒有回家了。心理醫生指出她丈夫的這種作法太過分了。大壩終於潰堤，她對丈夫發起了一連串猛烈的攻擊。她的憤怒不僅使醫生大吃一驚，連她本人也意想不到，然而這卻表示她開始了脫離憂鬱症的進展。她過去的憂鬱實際上是掩蓋了她對丈夫的憤怒，將所有的惡劣情緒都集中於自己身上了。

憂鬱是一副黑色的濾光鏡

憂鬱就好像透過一層黑色玻璃看一切事物。無論是考慮你自己，還是考慮世界或未來，任何事物看來都處於同樣的陰鬱而暗淡的光線之下。「沒有一件事做對了」；「我徹底完蛋了」；「我無能為力，因此也不值一試」；「朋友們打電話給我僅僅是出於責任感」。當你工作中出了一點問題，或分心了，你就認為「我已經失去了做好工作的能力」，好像你的能力已經一去不回了。回想過去，你的記憶中充滿著一連串的失敗、痛苦和虧損，而那些你曾經認為是成就或成功的事情，以及你的愛情和友誼，現在看來都一文不值了。你的回憶已經染上了憂鬱的色彩。一旦戴上這副黑

色的濾光鏡，你就再也無法在其他的光線下觀察任何事物。消極的思想與憂鬱相伴：情緒低落導致消極的思想和回憶；反之，消極的思想和回憶又導致情緒低落，如此反覆下去，形成一個持久而日益嚴重的憂鬱惡性循環。

憂鬱是大腦中的生物化學變化

　　對待你的憂鬱過於苛刻是有危險的。這裡有一個平衡的問題。在某種程度上，你對你的憂鬱是有責任的。你可以採取許多辦法來控制它，甚至還能控制它的某些起因。你肯定能改變它，如果你真的想要克服憂鬱症，你就必須改變它。然而人們對於憂鬱症的感受程度是各不相同的。我們每個人的情緒都會有所波動，有所搖擺，看來這部分地是由於我們大腦中的生物化學精密結構之差異所致，而這種生物化學結構是不能隨意控制的。因此，把你的憂鬱症看成是超出你控制能力的事，就像你患感冒一樣；不要看得過於嚴重，有時候也許對你是有幫助的。用這種體貼的態度對待自己，反而能幫助你解脫憂鬱，不致於被它所控制。為了弄清憂鬱症的生物化學基礎，科學家們已經做過大量的研究。結果顯示，很多憂鬱症是由於兩種大腦化學物質：去甲腎上腺素和血清素的含量過低，這兩種化學物質在大腦內部神經脈衝的傳導上發揮主要的作用，用於克服憂鬱症的藥物「抗憂鬱症藥」就是透過增加這兩種化學物質來糾正其含量之不足。就像用胰島素治療糖尿病（該病源於胰島素之缺乏）一樣，「抗憂鬱症藥」可以用於治療嚴重的憂鬱症。對憂鬱症患者來說，這無疑是一個好消息。

● 恐婚症偷襲現代男女

　　年輕女子瑪琪一直希望能有一個屬於自己的家庭，但是卻又害怕婚姻，她曾經有三次在婚禮上因為婚姻恐懼症而逃婚的經歷。離過婚的專欄作家艾克聽說此事後，決定將這個話題寫成專欄，並在文中冷嘲熱諷了一番。正準備與第四任男友步入結婚禮堂的瑪琪因為這篇報導大感難堪，於是再度逃婚……

　　這就是茱莉亞‧羅勃茲（Julia Roberts）和李察‧吉爾（Richard Gere）攜手主演的賣座影片《落跑新娘》，而茱莉亞‧羅勃茲本人也在最近即將和男友跨入婚姻殿堂前宣布分手，做了一回生活中的「落跑新娘」。「恐婚症」似乎正在不斷偷襲現代男女，對此，想結婚又不敢結的男人女人該怎麼辦？

新娘不見了

　　熱鬧的婚禮宴席上，新郎突然發現新娘不見了！

　　新娘的母親在飯店的廁所裡找到女兒。身披雪白婚紗的新娘正坐在馬桶上哭。

　　母親嚇壞了，在她的反覆追問下，新娘終於說出了缺席的原因：自己對婚姻有一種莫名其妙的恐懼，一想到自己從此以後要和一個曾經毫不相干的人共同生活，一起吃飯、睡覺、生孩子，天哪，簡直讓人不能忍受！而且，她害怕婚後的他「原形畢露」，不再是婚前的他。

　　母親聽了女兒的講述，給她講了一個古老的民間故事：

　　一天，一個少女去地窖取酒，上樓梯時不慎摔了一跤，摔碎了酒瓶，扎破了手。她忽然想到，倘若將來自己的孩子去地窖取酒時也摔了一跤並

扎破了手，多可怕啊！想到這裡她傷心地哭了起來。她母親聞聲趕來，一聽說將來自己的外孫可能受傷，也哭了起來。隨後來的外祖母也聽說了「將來的不幸」，三個人哭成一團。

母親問新娘：「你覺得這個故事可笑嗎？」

新娘點了點頭，笑了。她擦乾眼淚，隨母親回到了婚禮宴席上，像什麼事也沒發生過一樣。

婚姻如大敵

在我們這個年代，離婚變得像吃飯一樣平常，婚姻恐懼症也大肆蔓延。身邊有不少人感染了「恐婚症」，有的人甚至已經病入膏肓。

恐婚者說，談戀愛的感覺挺好，很輕鬆，何必要用一紙婚書把兩個人綁在一起呢？結婚太麻煩了，還是做戀人比較好，合則聚，不合則散，沒有心理負擔。他們「理智」地認為，日子久了，總會有彼此厭倦的時候，何必束縛別人、束縛自己？因此他們始終對婚姻持觀望態度，不肯把幸福的賭注押在未來的配偶身上。那些眼界狹窄、整天迷戀二人世界的人在恐婚者眼裡是最沒出息的。

總有許多善良而老派的人在恐婚者耳邊喋喋不休地勸說：年紀不小了，該結婚了。可是恐婚者有的是理由在圍城外徘徊不前，怕失去自由，怕被老婆孩子套牢，怕婚姻毀了現有的快樂。

恐婚者擔心自己最終還是不能避免結婚的庸俗結局，漫長的未來幸福與否誰能無法預料。也許有一天，恐婚者咬牙切齒地說服自己克服了婚姻恐懼症，戰戰兢兢、如履薄冰地踏上紅地毯，但心理上的巨大障礙仍可能讓他們產生強烈的失落感。儘管心裡一再對自己強調婚姻並沒有想像中那麼可怕，可壓力感或恐懼感仍揮之不去。

恐婚者說：

愛情使人睡不著，婚姻使人打瞌睡！

延長愛情的唯一方法，就是推遲結婚的時間！

結婚的歷史意義在於：連接兩個人的那條「紅線」從此會變成一條繩索！

關於結婚這件事，我對一般的朋友會表示祝賀，對最好的朋友則表示同情！

女人具有水的屬性，男人具有火的屬性，婚姻就是試圖使水火相容的一種嘗試！

心理分析

「恐婚症」是一種很有代表性的現代社會心理疾病。社會輿論對婚姻生活的負面宣傳是「恐婚症」的起因之一，媒體經常就如何處理婚姻關係進行各種討論，這種社會氛圍使尚未走入婚姻的人們感到一種無形的壓力。對婚後生活的過多考慮在面臨婚姻時的表現形式就是對結婚的恐懼和逃避，很多人因此推遲結婚，甚至寧願獨身，也不願意「受罪」。

在這裡，我們要提醒害怕結婚的人們不要忘了那句老話：婚姻是一雙鞋，合不合適只有自己知道。如果你拒絕穿鞋，也許避免了因為鞋子不合腳而磨出水泡，但也可能因赤足行走而踩到釘子上，到那個時候，你或許會意識到，婚姻其實也是對愛情的一種保護。幸福的婚姻生活是治療「恐婚症」的最佳方法。

● 強迫症

「小王，你別洗了，都搓出血了。」旁人在提醒她。小王是某高等學校的教師，很文靜，生活有條不紊，工作認真，待人和藹。9月的某天，校園進行大掃除。她在打掃時，手無意間碰到一條漆黑的毛毛蟲，大聲尖叫，跳得老遠，滿臉漲紅，一臉驚慌。從那以後。她每天洗手幾十次，拚命地擦洗碰過毛蟲的那隻手，即使擦破了皮、搓出了血也不在乎，別人怎麼勸說都沒用。她說自己也知道這樣搓洗毫無意義，但不洗心裡就覺得不放心，覺得還抓著毛蟲一樣，渾身不舒服。

這位女教師患的是強迫症。它是以重複出現不能為主觀意志所控制的強迫症狀為特徵的神經功能性疾病。強迫症的症狀五花八門，無奇不有。概括而言，大體可劃分為強迫觀念、強迫意向和強迫行為三種類型。

強迫觀念可以表現為不自主呈現的某種想法、某種事情或某句話。如腦子裡反覆出現「苗條身材」，「春風又綠江南岸」等等；還可以表現為強迫懷疑，如鎖了門後又反覆懷疑是否真把門鎖好了，投信後又懷疑自己是否真把信封好了、投對了，等等；還可以表現為強迫聯想，如看到樹枝枝葉、草地便想到有許多蟲子或野獸；還可以表現為強迫性窮思竭慮，如為什麼人要長兩隻眼睛？為什麼一加一等於二？先有雞還是先有蛋？

強迫意向即是患者常常被某些欲望或意向糾纏而產生衝動。如患者走到河邊時出現要跳下去的衝動，見到利器就出現想拿起來刺人或刺自己的衝動，登上高樓就往下跳的情境和衝動等等。但患者不會這麼做，只是不能控制這些意向的出現。

強迫行為，具體可以表現為強迫計數，如上樓梯要計數有多少梯級，走路要數自己的步子，明知無意義，也記不住，但還是要數；還可表現為

強迫檢查，這與強迫懷疑相連繫，如反覆檢查門窗是否關好，門鎖是否鎖上；還有強迫性洗手、強迫性洗衣、強迫性偷竊等等，都屬於強迫行為。

強迫觀念、強迫意向和強迫行為，其共同點是具有強迫性、重複性、刻板性和儀式性。患者主觀上都感到有一種不可抗拒的強迫無奈的觀念和情緒，他也明知這些觀念、意向和行為的重複出現是毫無意義和不必要的，主觀上卻無法擺脫這些強迫症狀的糾纏。因而導致情緒緊張、煩惱、焦慮不安，甚至頭昏眼花，失眠、記憶力下降、身體衰竭。

對強迫症的治療，首先，患者不要老想著「我患了強迫症，必須糾正」，硬去自我責備、糾正它，如此會適得其反，使強迫症更加頑固。應採取「順其自然」的態度，獲得放鬆，配合治療。在治療上，以心理治療為主，輔之以藥物治療。藥物治療採用抗焦慮藥物。心理治療主要採用默想脫敏療法（也稱默想系統脫敏療法）和厭惡療法。在運用心理療法時，要向病人解釋疾病的性質及其產生的原因，取得病人的信任和配合，使其建立治癒的信心。

● 表演型人格障礙

【病例摘要】

李某，男，26歲，工人，已婚。因喜表現自己，感情用事易衝動，13年前入院。

病人於13年之前，不明原因逐漸表現愛模仿戲劇演員的動作，身著戲服或女性的紅毛衣，頭綁鮮花，塗口紅，打扮自己，行為舉止女性化。同時容易發脾氣，自己的願望如不能得到滿足，就煩躁，甚至打人。變得非常自私，把家裡電視機和洗衣機搬至自己的房間，不准別人使用，並常

緊鎖門戶，防止他人進入。愛聽表揚的話，與人談話時，總想讓別人談及自己如何有能力，親戚如何有地位，自己外貌如何出眾等，如果別人談及別的話題，病人常常千方百計地將話題轉向自己，而對別人的講話內容則心不在焉。因此病人常與家庭地位、經濟情況、個人外貌等不如他的人交往，而對強於他的人常常無端抵毀。病人常常感情用事，以自己高興與否判斷事物的對錯和人的好壞，對別人善意的批評，即使很婉轉，也不能虛心接受，不但不領情，還仇視別人，迫使別人不得不遠離他。因此許多人說他不知好歹。與別人爭論問題時，總想占上風，即使自己理虧，也編造謊言，設法說服別人。病人常到火車站門口或公車上幫助檢票。有時對人過度熱情，但若別人稍違於他，就與別人吵架，從而導致關係破裂，幾乎無親密朋友。近幾年來，與人發生糾紛次數與日俱增，給家庭帶來許多麻煩。於 1992 年 3 月 25 日入院。患病 13 年來，病情從未緩解過，但飲食、睡眠、大小便基本如常。身體健康，無高熱、抽搐、昏迷史，無中毒、肝炎、結核等病史，無服用成癮物質病史。

母孕期健康，足月順產，幼年發育正常。7 歲上學，學習成績較好，初中畢業後投入職場，從事一般勞力工作。與 2 個姐姐為同母異父，因此父母對其特別溺愛、嬌慣。任性跋扈，聽不進批評意見。

精神狀態檢查：意識清楚，儀表整潔，自行步入病房，年貌相符，主動合作，對周圍環境不感陌生，飲食、睡眠狀態良好，生活可自理。未發現感、知覺障礙和思考聯想障礙。言語流暢，語量稍多。注意、記憶、計算無明顯障礙，智商正常。自知力不完整，對自己易煩躁、發脾氣，認為屬病態，但對自己自私、愛表現等無正確認知。情感反應協調，但強烈而多變，談及戲服或某人長相時，展現很大興趣，面帶笑容，表情誇張，談及人際關係時則又抱怨連連，帶有敵視他人的情緒。以醫護人員對他的態

度好壞來評判對方長相是否漂亮。否認身著戲服時有性快感。言談舉止富有女性色彩。行為幼稚，有時故意尖聲怪叫，以引起病友注意。

輔助檢查：血液、肝功能檢查正常。心電圖、腦波圖呈現正常。染色體顯帶分析未見異常。人格測驗不願意合作，回答均為「是」，測圖無效。

【病例討論】

表演型人格障礙，又稱歇斯底里型人格障礙或尋求注意型人格障礙，或心理幼稚型人格障礙。從這些同義術語的字面含義中即可看出，此型人格障礙以人格的過度感情化，以誇張言行吸引注意力及人格不成熟為主要特徵。關於歇斯底里型人格與癔症的關係，過去認為二者是一脈相承的。但臨床觀察發現，癔症病人的病前人格為表演型的僅為20%，一些明顯的表演型人格病人可終生不發生癔症，此情況顯示表演型人格雖與癔症有關，但並非必然連繫。因此，現在普遍傾向於使用「表演型」而迴避「歇斯底里型」，以達到將「歇斯底里人格」與「癔症」分開之目的。國外報導本病在成人人群中的患病率為2.2%，婦女高於男性2倍。本病的病因主要是幼年創傷性體驗，家庭因素、教育影響等。較多發生於少年期後階段，隨著年齡的增加，人格逐漸趨向成熟，至中年達到明顯緩解。

表演型人格障礙的診斷標準是：

1. 符合人格障礙的診斷標準。
2. 症狀至少符合下述項目中的三項：

    ‧表情誇張像演戲一樣，裝腔作勢，情感體驗膚淺；
    ‧自我暗示強烈，很容易受他人的影響；

- 自我中心，強求別人符合他的需求或意志，不如意就給別人難堪或表達強烈不滿；
- 經常渴望表揚和同情，感情易波動；
- 尋求刺激，參加各種社交活動。
- 需別人經常注意，為了引起注意，不惜譁眾取寵、危言聳聽，或者在外貌和行為方面表現得過度吸引他人；
- 情感反應強烈易變，完全依照個人的情感判斷好壞；
- 說話誇大其詞，摻雜幻想，缺乏具體的真實情境，難以核對。

本例有自幼受寵、自我中心的家庭教育背景，人格突出異常始於 13 歲，病況呈持續性，症狀以誇張行為吸引別人注意為主，易與人發生糾紛，喜受表揚，情感反應強烈且多變，判斷是非的標準完全出於個人情感，參與社交過多，以上特點，符合表演型人格障礙症狀標準的第 1、3、4、5、6、7 條，符合本病的診斷標準。本例無明顯的自我暗示強烈和偏好幻想的症狀特點，也無本病常伴隨的酒精和藥物濫用、自殺未遂、自傷等病態行為。

本病在男性易被誤診為反社會人格，本例病人易與人發生糾紛，有時打人。但病人的社會違規行為不突出，18 歲前無翹課、偷竊、說謊、吸菸、喝酒、破壞公共財物、虐待弱小等品行障礙；18 歲後無曠職、違法、反覆鬥毆、不承擔家庭義務等反社會行為，故可排除反社會人格。

表演型人格男性有顯著女性氣質者為 15%，本例言行有濃厚的女性色彩，性生活較少，應注意與「陰陽人」和同性戀區別。本例喉結、外生殖器正常。染色體顯帶分析正常，生殖功能正常，著女裝無性快感，也無戀男性傾向，可資鑑別。

本例易激惹，社會活動增多，常在公共場所幫人檢票，類似輕度狂躁症。但病人 13 歲發病，病程持續 13 年之久，也無自我評價過高、意念飄忽，性慾亢進等症狀，飲食、睡眠一直正常，也無悲觀、自卑病史，故可排除躁鬱發作。

【本例診斷】

表演型人格障礙。

● 神經衰弱

工程師是某科技公司的核心技術人員。這天，他到醫院進行心理諮詢，訴說近半年來他經常失眠、夢多易醒、頭昏腦脹、情緒不穩定、食慾不佳、精神體力都不如以前，懷疑是否得了什麼嚴重的病。醫生為他作了仔細的檢查並詢問了他的工作、生活情況後，告訴他，他並不是有何嚴重疾病，而是患了常見的神經衰弱。

神經衰弱是一種常見的精神障礙。它是一種由於高級神經系統長期持續過度緊張，引起大腦功能輕度紊亂的精神狀態。發病原因常常不是單一的，而是多種因素相互影響的結果。凡是能引起持續的緊張情緒和長期內心衝突的因素，如學習、工作過度緊張、人際關係不協調、家庭不和、親人亡故、長期思想矛盾等等，都可以誘發神經衰弱。此外，此病還與人的個性心理特徵有關。神經衰弱患者往往具有內向、自卑、敏感、多疑、缺乏自信、固執、好強、急躁、自制力弱等特點。這些精神因素與個性心理特徵相結合，因而容易導致對生活的張弛調節障礙，使大腦處於持續性緊張狀態而發病。

神經衰弱導致的心理異常及身體異常表現為：自制能力下降、易煩

躁、對刺激物的感受性異常增高，特別敏感，失眠、多夢易醒，頭部持續性疼痛，頭昏腦脹，注意力渙散，記憶力減退，易疲勞、心悸、食慾不佳、腹脹、腹瀉、便祕、尿頻、月經失調、遺精等等。這些症狀並非每個患者都全部具有，有的只表現為其中的幾種，且輕重程度也有不同。

　　對神經衰弱的治療，除了使用必要的藥物外，主要是進行心理治療。透過解釋、疏導，幫助患者矯正對這種疾病的認知，不要過度緊張、焦慮，認知致病原因和發病機理以及治療的知識，建立戰勝疾病的信心。對神經衰弱的治療，可以採用藥物治療、多樣化活動治療和心理治療。

★ **藥物治療**：主要是使用抗焦慮劑和協調興奮與抑制之間平衡的藥物。

★ **透過多樣化活動調節大腦神經功能**：有位數學老師由於經常進行單一而過度的數學運算，導致了以失眠為主要症狀的神經衰弱。在醫生指導下，採用多樣化活動的治療方法治療，即每天從事多種活動，如做家事、到菜園活動、澆灌花草、修剪盆景，修理小東西，指導孩子學習，探親訪友等等，每種活動的時間都不長，一個接一個，很緊湊。一段時間後，睡眠改善，上床就寢，很快就能入睡了。按照他的體驗，如果一天只從事單一的活動，儘管很疲勞，也難入眠。多樣化活動之所以對治療神經衰弱有較好的療效，是因為在多樣化活動的情況下，由於大腦廣泛區域神經過程交替活動，使腦細胞得到了鍛鍊，逐漸增加了大腦神經活動的興奮過程和抑制過程的相互誘導作用（這種作用在過去因大腦負擔過重而被減弱了）。因此，到了夜間，大腦中經過白天亢奮的活動，導致許多神經中樞都發生了負誘導作用，並迅速成瀰漫性抑制。這樣，「常夜難眠」就變成「長夜好眠」了。

★ **心理治療**：常用的有放鬆療法和催眠暗示法。

- **放鬆療法**：這是透過一定的程度訓練，學會精神上和軀體上放鬆的一種行為療法。即練習如何按照自己的意志逐漸放鬆全身肌肉，藉而獲得心理上的鬆弛。具體做法是以舒適的姿勢靠在沙發或躺椅上。首先閉上眼睛，將注意力集中在頭部，把牙關咬緊，使兩邊面頰感到緊張，然後將牙關鬆開，咬牙的肌肉就會產生鬆弛感，逐次將頭部各處骨肉一一放鬆，接著把注意力轉移到頸部，盡量使脖子的肌肉弄得很緊張，感到酸痛，然後把脖子的肌肉全部放鬆，覺得輕鬆為止。第三步是把注意力集中到兩手上，將兩手用力握緊，直至發麻、酸痛、兩手開始放鬆，然後放置在舒服位置，並保持鬆軟無力狀態。第四步是把注意力移到胸部，先做深吸氣，憋幾秒鐘，緩緩把氣吐出，再吸氣，如此反覆，讓胸部覺得輕鬆為止。這樣反覆類推，將注意力集中肩部、腹部、腿部，逐次放鬆。最後，全身軟軟地處於輕鬆狀態，保持 2～3 分鐘。按此法學會如何使全身肌肉放鬆，並記住放鬆的次序，每日照此法做 2 次，持之以恆，可使自己的心身輕鬆，從疾病中解脫出來。
- **催眠暗示療法**：此法須在心理醫生指導下進行。它是利用催眠術使患者處於類似睡眠的狀態，然後進行言語暗示或精神分析，以達到了解病因和消除症狀的治療目的。進行催眠暗示治療時，醫生首先讓患者集中注意力，凝視物體，同時用單調的語言，使患者進入類似睡眠的狀態，然後針對患者的病狀，用堅定有說服力的言語暗示，改善患者的緊張、焦慮情緒，最終治癒疾病。如上例中的患者，經過醫生半個多月的催眠暗示治療和自我放鬆治療後，失眠症狀消失，神經衰弱得以痊癒。

● 什麼叫感覺剝奪？

所謂感覺剝奪指的是有機體與外界環境刺激處於高度隔絕的特殊狀態。有機體處於這種狀態，外界的聲音刺激、光刺激、觸覺刺激都被排除。幾天後，有機體發生某些病理心理現象。

感覺剝奪現象在特殊環境下工作的人員身上易發生。沙漠遠征的人、飄落孤島的海上遇難者往往發生感覺剝奪現象。

但是感覺剝奪現象作為研究專題還是從第二次世界大戰後開始的。首先從事這項實驗研究是加拿大的科學家。他們把志願受試者關在恆溫密閉隔音的暗室內。7天之後，受試者出現感覺剝奪的病理現象：出現視錯覺、視幻覺，聽錯覺、聽幻覺；對外界刺激過於敏感，情緒不穩定，緊張焦慮；注意力渙散；思考遲鈍；自我暗示增強；神經病症等。對動物的感覺剝奪研究顯示，把動物放在完全無刺激的寂靜環境中，損傷動物健康，甚至可以引起死亡。

感覺剝奪實驗研究顯示，豐富的、多變的環境刺激是有機體特別是生存與發展的必要條件。感覺剝奪現象的研究不僅對於討論病理心理現象有其理論意義，而且對於特殊環境下（航太、航海、潛水等）的工作人員有重要的實踐意義。因此感覺剝奪現象研究越來越受到重視。加拿大、美國、蘇聯、英國、法國、日本等很多國家都建立專業的研究機構，進行感覺剝奪的研究。

● 常見大學生病態人格類型

★ **偏執性人格**：主要表現為固執，敏感，多疑，情感不穩定，易躁易怒，心胸狹隘好嫉妒，自我評價過高。

★ **分裂性人格**：主要表現為退縮，孤僻，膽怯，沉默和怪癖，不愛社交。

★ **情感性人格**：可以表現為持續性情緒憂鬱低落，或持續性的情緒高漲，也可以是兩者交替出現。

★ **爆發性人格**：主要表現為情緒不穩，容易無節制的發生憤怒、仇恨和暴力行為，常因微小的精神刺激而突然爆發出非常強烈的憤怒和衝動，甚至會出現十分暴烈的攻擊性行為，自己幾乎不能控制。

★ **強迫性人格**：主要表現為在平時常有個人不安全感和不完善感，因而焦慮、過度的自我克制，過度的自我關注。

★ **癔病性人格**：主要表現為人格發展不成熟，情緒不穩定，常故意用過度做作、誇張和戲劇性的行為引起別人的注意。

★ **衰弱性人格**：主要表現為能力低下，缺乏主動精神，被動的服從別人的願望占優勢。他們常感精力不足，易疲勞，情緒易波動，缺乏生活樂趣，常為小事傷感。

★ **無情性人格**：主要表現為對人不真誠，不坦率，不可信賴，不肯盡社會義務，是極端的利己主義者。

● 附錄

測驗你的生活方式是否健康

1. 你上班所用的東西如衣服、工具自行車鑰匙，是這樣做的 ──

　　A. 介於以下二者之間。

　　B. 放在固定的地方，隨時即可取用。

　　C. 沒固定的地方。

2. 如果你打算明天早晨早些起床，你是這樣做的 ──

　　A. 預先上好鬧鐘。

　　B. 請家人喊醒。

　　C. 自己相信到時間能醒來。

3. 你早上醒來以後總是 ──

　　A. 從容起床，做些輕微鍛鍊再著手從事要做的事情。

　　B. 立即跳下床開始工作。

　　C. 估計時間還來得及，在被窩裡「舒服一下」。

4. 你的早餐是這樣安排的 ──

　　A. 有稀有乾，細嚼慢嚥。

　　B. 不管冷熱乾稀，吃幾口就走。

　　C. 因時間來不及，下頓再補。

5. 你動身上班的時間是這樣掌握的 ──

　　A. 提前一點時間到達。

　　B. 不緊不慢正點到達。

　　C. 惶惶張張，有時遲到。

6. 不管任務多重，工作多忙，我和我的同事們也能夠開開玩笑，說說笑話。

　　A. 有時如此　　B. 每天如此　　C. 很少這樣

7. 你如果和朋友、同事對某一問題的認知出現分歧，你打算這樣解
決 ——

A. 堅持己見，爭論不休。

B. 你認為沒有必要爭論而免開尊口。

C. 表明自己的觀點，但不爭論。

8. 你的業務時間和節假日是這樣度過的 ——

A. 事先無打算，任憑即興想法度過。

B. 其他二者兼有。

C. 事先有安排，例如買好電影票、戲票或逛公園、會朋友等。

9. 你每天晚上就寢的時間是 ——

A. 隨自己高興。

B. 把事情做完之後。

C. 大致都在同一時間。

10. 接待來訪客人，會見朋友對我們來說意味著 ——

A. 增加不快和煩惱。

B. 浪費時間。

C. 增進了解。

11. 你對體育活動的態度是 ——

A. 不感興趣，從不沾邊。

B. 只是以一個旁觀者的身分參加。

C. 只要有可能從不放過。

12. 假如你自己的身體出現不適或疾病時 ——

A. 不當一回事，等撐不住才去看醫生。

B. 自己隨便找些藥服用。

C. 抓緊時間看醫生，了解病情並得到及時治療。

計分表

	A 選項分數	B 選項分數	C 選項分數
試題一	3	1	5
試題二	3	1	5
試題三	3	1	5
試題四	3	1	5
試題五	3	1	5
試題六	3	1	5
試題七	5	3	1
試題八	5	3	1
試題九	5	3	1
試題十	5	3	1
試題十一	5	3	1
試題十二	5	3	1

評析與贈言

★ 12 ～ 22 分，**生活方式健康**：你能科學地安排生活這對你從事的工作及學習都會產生積極影響。健康的生活方式使你不斷獲得充沛的精力並使你的生活豐富多彩美滿幸福。

★ 23 ～ 46 分，**生活方式接近健康**：你初步掌握了安排生活的藝術，在一般情況下還輕鬆自如。但在生活緊張情緒不佳時會出現手忙腳亂的情

況，要想使自己精力更能適應高效率工作，還宜對生活方式做些調整。

★ 47～60分，生活方式不健康：你可能認為生活方式對你無關緊要，因為你感到目前生活得還不錯。實際上你在身心健康上以受到損害，對此毫無察覺是你有年齡的優勢。懂得此點後，宜儘早改善自己的生活方式，以便合理地安排自己的工作。

測驗你的心理年齡

題號	問題	是	普通	否
1	下決心做某事後便立刻去做	0	1	2
2	往往憑經驗辦事	2	1	0
3	對任何事情都有探索精神	0	2	4
4	說話慢而且囉嗦	4	2	0
5	健忘	4	2	0
6	怕煩惱、怕做事、不想活動	4	2	0
7	喜歡計較小事	2	1	0
8	喜歡參加各種活動	0	1	2
9	日益固執起來	4	2	0
10	對什麼事都有好奇心	0	1	2
11	有強烈的生活追求	0	2	4
12	難以控制感情	0	1	2
13	容易嫉妒別人，易悲傷	2	1	0
14	見到不合理的事不那麼氣憤了	2	1	0
15	不喜歡看推理小說	2	1	0

16	對電影和愛情小說日益失去興趣	2	1	0
17	做事情缺乏持久性	4	2	0
18	不願意改變原來的舊習慣	2	1	0
19	喜歡回憶過去	4	2	0
20	學習新鮮事物感到困難	2	1	0
21	十分注意自己的身體變化	2	1	0
22	生活興趣的範圍變小了	2	1	0
23	看書的速度加快	2	1	0
24	動作不夠靈活	2	1	0
25	消除疲勞感很慢	2	1	0
26	晚上不如早上和上午頭腦清醒	2	1	0
27	對生活中的挫折感到煩惱	2	1	0
28	缺乏自信心	2	1	0
29	集中精力思考有困難	2	1	0
30	工作效率低	2	1	0

　　心理年齡評估：請把各題得分相加，算出總分，然後核對下表，確定自己的心理年齡範圍。

積分	心理年齡估計
75 分以上	60 歲以上
65 ～ 75 分	50 ～ 59 歲
50 ～ 65 分	40 ～ 49 歲
30 ～ 50 分	30 ～ 39 歲
0 ～ 30 分	20 ～ 39 歲

婚戀、情感、家庭篇

●「情感短路」與「心理斜坡」

一天，王大姐正在擦桌椅，叫丈夫幫忙移動一張椅子，丈夫卻埋頭剪報，沒有動。王大姐感到生氣，把抹布一扔，又把水盆推倒，水灑得滿地都是。這時，丈夫也生氣了，順腳把盆子一腳踢飛。

為一些小事而突發其火，亂說話、亂摔東西，這就是「情緒短路」的一種表現。用電短路會損壞電器，甚至釀成火災；情緒短路，既傷害別人，也傷害自己。主要原因是自制與轉移情緒的能力不強。這種能力與智慧有關，可說是「情感智商」。

在交往中，常見到一些人的心情有如春、夏的氣候，大起大落，變化無常。比如在公園玩得很開心，但回家後又覺生活單調枯燥而心煩，唉聲嘆氣；與戚友暢聚時熱鬧歡快，獨自一人時又為孤寂而愁眉苦臉；時歡時苦，飄忽不定，著實叫人不可捉摸，不僅使人感到難於相處，也令自己異常難受。這種不正常的表現，是「心理斜坡」在作怪。人的感情在受外界刺激的影響下，具有多度性和兩極性。每一種情感具有不同的等級，還有著與之相對立的情感狀態，如愛與恨、歡樂與憂愁等。感情的等級越高，「心理斜坡」就超大，也就容易向相反的情緒狀態轉化。「心理斜坡」不但使人情緒不穩、且會間接、直接地影響健康。

要克服「情緒短路」和「心理斜坡」的不良反應，得要重視自己的心理保健。正如古語所說：「心病還須心藥醫」，首先要自覺地消除思想上的偏差，人生不可能總是高潮，更不可能事事如意，誰也要在平凡日子中生活，少不了要碰到麻煩事。關鍵是懂得放鬆己，以平常心面對生活。只有這樣，才能在不順心時不致陷人煩惱的泥坑而不能自拔。只有善於保持良好的心理狀態，才能為自己營造出良好的生理狀態，從而贏得「健康人生」。

其次，應該勇對新生活，主動體驗生活中的不同樂趣，既能在激盪人心的活動中體驗熱情的奔放，又能在平淡如水的日常生活中享受悠然自得的生活情趣。既能在團體活動中感受快樂，又能在獨自生活時創造充實。只有這樣，才能在碰到不順心的事或發生較大轉換時，避免產生心理上的反差而誘發情緒短路成心理斜坡。

其三，適當地「糊塗」是醫治情緒病的良方。對人對事，只要不是原則問題，就大可「糊塗」待之。「糊塗」者，指不必事事計較誰是誰非；不去時時考慮個人得失；不去每每分析誰占了我便宜；不去常常思量自己有沒有吃虧。老年人由於有「長者尊嚴關」、「老年面子關」和不自覺而產生的「老子總是正確關」等等，「海納百川」的氣量，就更顯得難能可貴了。但是，必須具有大氣量，才可能輕鬆地生活。寬容，該是老年人心理基礎最重要的一條。

其四，要加強理智對情緒的調控作用。古語云「物極必反」。這就提醒我們，「樂極」與「氣極」、「怒極」都不好，應該時刻注意保持適度的冷靜和清醒，在歡樂、順心時，主動降溫，避免太過熱情；遇苦悶或情緒轉入低谷時，要換個積極的想法；事物都有多重性，受許多因素制約，要從有利及好的一面去想，自能理脫情緒困境。也可用「以反制反」的辦法來調整自己。如靜極就外出活動一下；鬧極就避開冷一冷；悶極就找人說一說，……只要不斷學習，堅持用正確的人生觀、世界觀指導自己的思想感情和行動，就能做到以理智控制情緒保康寧。古人都知道「修德」是貫穿終生的主課，難道我們活在現代的人還不明白嗎？

● 熱戀中男女心態種種

　　愛情是人類最高尚的情感，之所以高尚，是因為愛情不只是為了滿足性愛這一基本的生理需求，還有更高的心理需求和社會需求。愛情是性愛和美感、道德感、理智感的完美統一，是人類歌頌的永恆的主題。我們常說，初戀是難忘的，相戀是溫馨的，而熱戀是狂熱的。熱戀中的男女，在感情的撞擊下，心理會出現不同程度的變化，不同性格的人也會表現出不同的狀態，一般可分為以下幾種類型：

★ **直覺性**：男女之間相互美化、互相吸引，雙方都感到順眼和舒服，所謂「情人眼裡出西施」。這時容易出現「期望效應」，即把自己所希望出現的特徵賦予對方，所謂「月移花影動，疑是玉人來」。把自然景物和周圍環境都打上了愛情的印記。但此時，也可能學習、工作時心猿意馬，注意力不集中，容易出現差錯。故應注意控制情緒、放開視野、利用愛情的強大動力、互相幫助、共同前進。

★ **隱蔽性**：言辭含蓄而富有詩意，行為隱蔽而富有德行，言談、舉止、月光、表情、行為都體現了一個「愛」字。

★ **排他性**：表現在對意中人的專一摯求、忠貞不渝的心理特點，不允許第三者介入，容易「吃醋」。要知道愛情是專一的，友誼都是寬容的，要尊重對方人格，允許對方保持正常的人際交往。心胸狹隘、自我封閉、不利於愛情的健康發展。無故猜疑、干涉別人人身自由必然給自己帶來煩惱，甚至導致愛情的破裂。

★ **波動性**：是指情緒變化很大，熱可達到白熱化、冷則驟降至冰點。高興時喜笑顏開、手舞足蹈，懊惱時垂頭喪氣。這種大起大落的情緒變化有時會對身心健康帶來不良影響。故要透過加強自我修養、不斷進

行自我完善，減少情緒的波動性。

★ **衝動性**：熱戀時人的理解活動範圍往往會縮小，理智分析能力受到抑制，習慣行為受到破壞，此時發生的許多事情與平時可以完全不同。同時由於控制自己的能力減弱，往往不能約束自己的行為，不能正確評價自己行動的意義與後果，因而可能導致婚前性行為、未婚先孕，甚至做出違法亂紀的事情來。婚前性行為給人以輕率的印象，自身名譽和自我評價將受到損害，在親朋同事中威信下降，不僅使新婚蜜月黯然失色，而且還有被人拋棄、利用、腐蝕等傳染疾病而抱憾終身的危險。當然，受害最大的是女性。

只有真正了解愛情的真諦，善於在熱戀時保持心理平衡的人，才會有甜蜜的愛情生活，不然的話，嘗到的常常是愛情的苦果。理解對方，了解自己，讓我們將愛情進行到底！

● 愛情路上你做錯什麼？

有天晚上，本來已很疲倦的你，不知道為什麼總是睡不著，你會用下列哪種方法來度過這個失眠夜呢？

1. 打電話與別人聊天
2. 在家中四處找事做
3. 繼續在床上輾轉反則
4. 看書
5. 沖澡

解釋：

★ **打電話與別人聊天**：你做每一件事都只顧自己而已，絕不替人著想，獨斷獨行的你，令伴侶吃不消，改改你武斷的性格，多徵求伴侶對事情的看法，會令伴侶覺得你更可愛。

★ **在家中四處找事做**：那死不服輸的性格將你在人群中被獨立出來，戀愛來的時候，亦因為不肯對對方坦白而遭拋棄，唯一的好處是你絕不拖拖拉拉沒了沒完，只要找到心儀的對象，不妨來個閃電結婚！

★ **繼續在床上輾轉反側**：在生活上有問題時，你只懂逃避，愛情方面也一樣，因為你的拖拖拉拉令很多人受到影響，和情人分手後仍會藕斷絲連的情況常發在你身上，想做就做，想愛就愛，機會溜走就不復返！

★ **看書**：你是個十分理智的人，但聰明反被聰明誤，你對每件事的小心謹慎，在愛情路上，因怕愛傷而不敢用情太深，但這會令你的伴侶有被忽視的感覺，對你的熱情亦因此大減，其實做人有時迷糊一下，亦未嘗不可。

★ **多沖一次涼**：你有點神經質，但亦有點執著，別人很難適應你的處事作風，你的愛侶也一樣，你一時對他風情萬種，一時對他冷若冰霜，令他感到十分迷惑，即使對他一見鍾情，你亦會給他飄忽不定的感覺而嚇得溜之大吉，要改變現況，控制一下自己的情緒吧！

● 現代愛情 7 祕訣

在這個變幻莫測的年代，有件事情是永恆不變的，那就是眾所仰望的愛情。

人類對於愛情的信仰恆久不變，但是愛情的內容與角色卻是千變萬化，詭譎莫測。愛情帶來的，也不只是美好的層面，同時包括了背叛與傷害。然而塵世間的男女男女，仍然對愛情懷抱著不切實際的渴望。愛情就像是一場跨世紀的萬年慢性傳染病，凡是人類，皆無一倖免。只是現實世界裡的愛情，完全不如羅曼史小說與浪漫電影中描述的那般美好。真實生活中的愛情，往往演變為外遇、情殺、家庭暴力等等足以登上報紙社會版的怪異情節。當我們不斷在愛情裡輪迴，重覆地扮演背叛者與受害人、為情所困者與困人情感者，令人不禁疲憊地感嘆，難道我們不能擁有更美好的感情生活嗎？

現代人的愛情，到底出了什麼問題呢？歸究其中的原因，作家曹又方女士表示：「我們從小到大，所有的精力與才華都放在求學與工作上，感情的花園自然是一片荒蕪。」

這意謂著雖然我們外在的年齡已屆成人，然而在感情歷練上，大部分的人還停留在小學階段。因此，若想要在爾詐我虞的雙打遊戲中，贏得愛情，光仰仗外在的魅力與條件是不夠的，愛情和政治一樣，更需要高明的技巧及冷靜的頭腦。

所以曾經在愛情中跌得滿身傷痕的愛情信徒，不妨學學惡男惡女操縱愛情的本領。因為愛情需要的是智慧不是條件。光有 IQ 和 EQ 是不夠的，還要懂得如何運籌帷幄。

以下是男女交往過程的七項必要之惡，雖名為惡，其實是施展魅力、釋放風情的超級密技。擁有這七項祕訣，即使在險惡的愛情波濤中，你依然有本錢乘風破浪，抵達成功的彼岸！

適度地讓對方傷心

作家吳若權先生認為，在兩性交往的過程中，輕易承諾往往是愛情最大的殺傷力，因此適度地讓對方傷心，可以讓彼此的關係更具有彈性，但切記並非讓情人陷入絕望，其中的分寸拿捏要視對方能夠承受多少壓力而定。例如當戀愛的其中的一方問起「你會愛我很久嗎？」這類的問題時，你若明知未來有許多未知變數，卻反而對他唱起「愛你一萬年」，只怕日後感情生變，徒然落入薄倖之名。然而，如果你的回答是「我會盡量，但不保證！」也許對方在乍聽之時，心裡會有些傷心，但是坦白的態度，將會助長情感轉往更理性的路途發展，及避免不必要的爭吵。

打情罵俏使人陶醉

談起愛情，每個人都以為自己是最認真的，然而在兩人親密相處的過程裡，太嚴肅反而會造成不必要的壓力。帶點幽默感的戀愛，反而讓人回味無窮。對於交往或熱戀中的男女，適度地打情罵俏，不時說些甜言蜜語，的確有助於情感的昇華。沉默是金雖是流傳已久的諺語，但在愛情裡並不適用。花言巧語可說是點燃情慾的火苗。

小小憤怒助長愛苗

每個人都聽過「會吵的孩子有糖吃」這句話。在過去，我們的教育總是告訴我們「不可以隨意地發脾氣」、「發脾氣是沒有教養的表現」等；然而在男女交往的互動關係上，只要有一方暗自生悶氣或過度包容，只會更加招致心中怨氣日漸堆積，終會暴發。其實，只要時間、地點、方式恰當，適時地發頓脾氣可以發揮很大的效用，因為小小的憤怒，有助於管理及調整兩性的關係。比起酸溜溜的冷嘲熱諷，突如其來卻適可而止的一頓

脾氣，對於愛情的主導權，反能收到立即見效的結果。

賣弄風騷秀秀才華

「書到用時方恨少」也可以適用愛情的你疇。調情老手便是知悉這你中三味，才能在情場呼風喚雨，所向披靡。每個人都知道貨比三家不吃虧的道理，如果你不具備任何美色，最起碼也要熟讀每週時事與笑話大全，並在最恰當的時候現現寶，讓別人也領教你的特殊才華，否則在這個自由開放的愛情市場，沒有本錢，還談什麼與人競爭。

保持距離預擒故縱

說來奇怪，情人在交往之初保持一點距離，反而有助於增添幾分神祕感，而醞釀對方的愛慕及迷戀之情。交往中的戀人更要貫徹此道理，如果你希望談一場細水長流的戀情，最好避免朝夕相處，多給對方一些空間與尊重，反而能贏得最後的勝利。

行銷愛情建立品牌忠實度

試想，到底是什麼原因促使消費者對於某個品牌的產品特別死忠呢？答案是，好產品時時推陳出新，不斷給人新鮮感和驚喜，更重要的是必須表裡如一，內外皆好。金玉其外，敗絮其內的產品也許能騙到一兩個冤大頭，卻怎留不住老顧客。

愛情就像廣告商品一樣，也需要不斷地給予對方新鮮感、驚奇感，因為戀人的關係若沒進展，就是退步。所以若要建立情人對你的愛情忠誠度，最好是時常給對方驚奇的感覺，就好比突如其來的禮物，便能叫伴侶倍感無限溫馨。

借力使力的分手法則

　　相愛容易，相守難，若想要主動提出分手，那更是難。當愛情面臨兩方皆無法容忍彼此的情形時，最痛苦的莫過於做出「分手」的決定，因為人人都背負了「寧願人負我，也不願我負人」的神聖道德感！不過，痛苦拖得越久，危險性也就愈高，長痛還是不如短痛。

　　為了不傷害對方又能順利分手，切記別把責任往對方身上推，最好的說法，莫過於「是我不適合你。」記住，要特別強調是「我」不適合你！如果對方仍舊願意與你打耐久戰，那麼站在不傷害彼此的立場下，也只有不告而別，走為上策了！

● 動作看性格

走姿看性格

★ **步伐平穩型**：這種人注重現實，精明而穩健，善思而行，不輕信他人言，重信義講諾言，是個值得信賴的人。

★ **步伐急促型**：這種人性格急躁，辦事有效率，思路很明快。

★ **上身微傾型**：這種人性格平和內向，謙虛而含蓄，實話實說，不會花言巧語，處世講情理。

★ **昂首闊步型**：這種人往往要以自我為中心，辦事有能力，思考較敏捷，但與人相處方面常常有不少因自高自大惹來的煩惱。

★ **左右搖動型**：這種人性格多數坦誠熱情，心地善良，人際關係較好，但猶豫不決，缺乏主見是他的缺點。

★ **步伐有力型**：這種人性格直率，意志堅強，有高度紀律性，事業心

強，有時為了達到追求的目標可不惜代價。

腳語 —— 獨特的心理揭露

英國心理學家經過研究，發現一個有趣的現象：「人體中越是遠離大腦的部位，其可信度越大。」臉離大腦中樞最近而最不誠實。我們與別人相處，總是最注意他們臉；而且我們也知道，別人也以相同方式注意我們。所以，人們都在透過一顰一笑撒謊。再往下看，手位於人體的中間偏下，誠實度也算中庸，人們多少利用它說過謊。可是腳遠離大腦，絕大多數人都顧不上這個部位，於是，它比臉、手誠實得多。

就好像人體語言的所有其他信號一樣，腳的習慣動作也著自己的語言，在豐富的語言詞彙裡，有許多描述腳語的形容詞。這些形容詞與其說是描寫腳步的輕、重、緩、急、穩、沉、亂等，不如說是描述人的內心或穩定或失衡；或恬靜或急躁；或安祥或失措的狀態。人的心情不同，走路的資勢也就不同；人的秉性各異，走起路來也有不同的風采。腳語是一種節奏，是為情緒打拍子的，如同舞場的旋律。「暴跳如雷」是自然界的快節奏和重節奏；「春風得意馬蹄疾」是另一種節奏，一種快旋律的輕節奏。

腳語除反映人的情緒外，還可以反映人的性格特質。如果一個端莊秀美的女子走起路來匆匆忙忙，腳步重且亂，就可斷定這位女孩一定是個性格開朗、心直口快、沒有心機的人；反之看上去粗枝大葉，走路卻是小心翼翼的樣子，這樣的人一定是外粗內細的精明人，他做事往往以豪放的外表來掩蓋嚴密的章法。人的心理指向往往從腳語中洩露出來。若有人一坐下來就蹺起二郎腿，顯示他懷有不服輸的叛逆意識。若是女性大膽地蹺起二郎腿，則表示她們對自己的容貌有足夠的信心，也表示了她懷有想要展

現自己的強烈欲望。人在站立時，腳往往朝著主體心中惦念的或追求的方向或事物。譬如，有三個男人站在一起，表面看來他們在專心交談，沒人理會站在一旁的漂亮女孩，但實際上不是這麼回事，每個人都有一個腳的方向對著她。也就是說，每個人都在注意她。他們的專心只是一種假面具，而真情被隱蔽著，但他們的腳語卻把各自的祕密洩露了。

人的腳步儘管因地因事而異，但是每個人都有自己固定的腳語。這樣我們就能解釋一種現象：對於熟悉者，你不用其人，僅憑那或急或輕或重或穩的腳步聲，就能判斷出個十之八九了。

● 性格與口味

美國行為心理學家曾經透過大量事實調查研究，得出一項十分有趣的結論，人的性格與喜食口味有著密切的連繫。

★ **喜歡吃白飯的人**：經常會自我陶醉，孤芳自賞；對人對事處理得體，比較通融，但互助精神差。

★ **喜歡吃麵食的人**：通常能言善道，誇誇其談，不考慮後果及影響，意志不堅定，做事容易喪失信心。

★ **喜歡吃甜食的人**：熱情開朗，平易近人，但平時有些軟弱和膽小，缺乏冒險精神。

★ **喜歡吃酸的人**：有事業心，但性格孤僻，不善交際，遇事愛鑽牛角尖，缺乏知心朋友。

★ **喜歡吃辣椒的人**：善於思考，有主見，吃軟不吃硬，有時愛挑剔別人的缺點。

★ **喜歡吃鹹食的人**：待人接物穩重，有禮貌，做事有計畫，埋頭苦幹，但比較輕視人與人之間的感情，有點虛偽。

★ **喜歡吃油炸食物的人**：勇於冒險，有成就一番事業的嚮往，但受到挫折，即會灰心喪氣。

★ **喜歡吃清淡口味的人**：注重交際和接近他人，善於廣交朋友，但不願單槍匹馬地行事。

● 血型與性格

一些日本學者經研究後指出，血型與性格之間有一定的內在連繫。

★ **A 型（血）的人**：領導欲強，擅爭鬥、有能力達到既定的目標，他們堅信自己的力量，在感到強烈嫉妒和過於自負時極易衝動而不能自制。

★ **B 型（血）的人**：平靜、認真、耐心、心地善良、多愁善感。有時他們也固執，精神緊張。

★ **O 型（血）的人**：性格穩重、辦事有分寸、富於正義感。美中不足的是有時性情急躁，處理事務猶豫。

★ **AB 型（血）的人**：為數極少，科研人員知之不詳。他們的性格還是個未解之謎。

　　以上結論是日本學者的研究所得。由於各國文化淵源、歷史背景、自然環境、風俗習慣、人種體質不同，血型與性格的內在連繫亦應有所差別，而且上述性格差異的涵蓋率絕不可能達百分之百。因此，這樣的結論只可作為人們進一步研究探索的參考。

● 情感的規律

　　人們的問題主要在於糾纏於自己的情感和症狀。你知道感情規律嗎？情感就和水波一樣，越去控制就會越發的混亂。我覺得人們就在受情感和症狀的束縛。束縛於情緒的人就是想改變和抑制情緒的人。比如我以前總失眠，就是因為我總想不失眠，總想很快睡覺，但卻總睡不著。感情是抑制和改變不了的但行動是可以控制的。無論想什麼，只要是對著自己，如情感，症狀，自己不好的方面，那就是一種內向的做法，是不會有什麼結果的。所以要為所當為，採用一種外向的做法，讓不好的感覺自然的產生自然的消失，你什麼也做不了。故與其糾結於感情，不如去做。

　　故我認為下面幾點很重要：

★ 繼續學習的任務，在學習中你會感到很充實，感到自己的力量；堅持做家事，會使人更外向。

★ 不消愁解悶，不抱怨 —— 其實忍受就是最好的接受

★ 對壞的感情不抵制，對好的感情不挽留，將好的感情與壞的感情一起突破

★ 每天都要不斷的做點什麼 —— 保持工作的強度

情感規律

★ 如果對於情感聽之任之，即順從其自然變化，便會形成山形曲線，經過一起一伏。最後消失。

★ 情感如果滿足其衝動時，便會頓挫、消失。

★ 如習慣於同一感覺，情感則變得遲鈍。

★ 情感如繼續受到刺激，以及注意力集中於此時，就會更加強烈。

★ 情感是依靠新的經驗去體會，並透過反覆體驗去培養。

情感與行動的規律

★ 情感是不由人的意志自由支配，但行動卻服從人的意志。

★ 情感伴隨行動、環境的變化，也會迅速的變化。

★ 正確的（積極的）行動，帶來愉快的情感，錯誤的（消極的）行動，帶來不愉快的情感。

★ 反覆採取正確的行動，則可培養愉快的情感態度；反覆採取錯誤的行動，則可培養不愉快的情感態度。

★ 反覆的錯誤行動，所導致的不快情感態度，會伴隨反覆正確行動所形成的愉快情感態度而自行消失

● 聆聽，也是一種關愛

那一日，與一位朋友喝酒，或許是彼此本來就是互不設防的知心朋友，半杯黃湯下肚，微醺的他，便一股腦把他的滿腹苦水嘩嘩倒了出來。

他在一家企業裡擔任管理職，就是人們常說的中階主管。平日裡，他身體力行，謹小慎微，忙碌得很累很苦，圖的是向上有個好交代，向下討個好口碑。再有，妻子承擔了全部家事，天長日久，怨尤日甚，不是常常弄個紅臉給他看，就是時不時施發冷嘲熱諷的「利箭」。不論公司或家裡，他受兩面夾擊……我默默地聆聽著，並擇機開導安慰。那一晚，他很感動，我亦悟而有得。當我們走出餐廳，夜空已繁星點點，街市已燈火煌煌。他的步履變得輕捷，口中哼起〈瀟灑走一回〉。

我們蟄居在這個鋼筋混凝土構築的都市裡，難免會有疲憊，難免會有苦惱，或事業受挫，或身虛體弱，或戀愛告吹，或遭流言中傷。

　　生活就是這樣，你無法拒絕這不期而至的苦惱。有的人，由此神情沮喪、士氣低落、脾氣暴躁，情緒不寧。陷入此境的人，很需要宣洩的管道，需要有人聆聽他或她的傾訴，我們如果給予理解和真誠的疏導，明天他或她仍會是搏擊長空的鷹，創造更大的輝煌。反之，沒有人願意聆聽苦惱人的傾訴，或是隨意和委婉地打發對方，那麼無疑是把他或她推向更不愉快的境地，甚而成為落羽的鳳凰。

　　很久以前，我並不善於聆聽別人的傾訴，但一次經歷改變了我的想法。

　　那時，我是一個極其普通的職員，隨便走到哪裡也得不到百分之一的回頭率。可能是當時的處境，也可能是當時的我還不成熟。我的苦惱也就特別多。

　　與日俱增的苦惱令我沮喪，回家常發無名之火，鬧得家人不得安寧。後來，我很幸運結識了一位敦厚年長、十分善解人意的主管。苦水既出，心平氣順，挫折少了，使我專心努力，登上一個又一個臺階，獲得一次又一次成功。

　　快過去十年了，樹葉黃了又青，那位主管當年專注聆聽的神情和安慰的言語至今仍使我記憶猶新。也是從那時起，我便學會了聆聽，聆聽時專注、投入，耐心、關心。因此，許多人都願意把他的隱祕事情和苦惱心緒告訴我。

　　有人說，具有同情心的朋友多；還有人說，態度和藹的人朋友多；更有人說，善於聆聽他人說話的人朋友多。不管怎麼說，朋友多，無非就是別人樂意和你接近，容易從你身上獲得同情、理解和諒解。朋友多，是建立在先作奉獻的基礎上的。如果你懶得把溫暖給予別人，你也就別奢望他人的光亮會反射到你的身上。

其實，默默地聆聽別人的傾訴，不只是一種同情和理解，不只是一種單向的付出。每一個人的生活履歷，都是一部蘊藏豐富內容的教科書，都可供你閱讀和吸取有益的養分，從而誓醒自己，避開前進中的沼澤。所以，我們要善於去接近和喜歡別人，要學會聆聽別人的話，對你的同窗和同道同伴同事同仁，對你的父母兄弟姐妹丈夫妻子孩子戀人友人都要這樣。

● 學會猜透女人心

俗話說得好：「女人心，海底針。」其實女孩子的言語常是口是心非的。如果在與女孩子的交往中，單從言語的表面去了解事物，那將大錯特錯，因此你必須善於從女孩子的言語的反面去看問題。記住，透過語言的內涵表現某種言外之意，是女孩子的專長。男孩必須具有三種能力：

觀色思情

跟女孩接觸過程中，你要根據女孩子當時的談話內容和與你交談的神態去體會她的真實想法。

F 是有名的淑女，處世謹慎，從不隨便接受男孩子的邀請。同事雄決定用滿腔的熱忱的真情去叩開她的心扉。第一次邀請 F 去看電影時，F 顯得很惋惜地對他說：「不行啊！我每晚 10 點必須回家。」但雄不退卻，終於成功的邀請到自己鍾情的女孩。祕密在於雄善於觀察。

其實，與女孩子相處時，如果她總是心不在焉，敷衍了事，或是以漠漠無聊的神情與你談論，尤其碰到與愛情有關的話題，她總是迅速的轉開，那表示她對你的情感很冷漠，這時你就應該知難而退。相反，如果她

經常以依戀，激動的神色與你談話，表示她對你的印象不壞，她與你相處是愉快的，高興的，希望與你好下去，發展彼此的情誼。

上述的例子雄就認為，如果 F 真心拒絕他，就會面色冷漠的說：「我有事，恕不奉陪！」但 F 的眼神並不冷漠，而且似乎有種期盼。F 沒有明顯拒絕，說明她的拒絕包含著某種弦外之音。F 說她 10 點鐘必須回家，那意思是只要雄在 10 點之前送她回家，那她還是可以接受他的邀請的。就這麼簡單。

察言會意

人們常說：「情場如戰場」，男孩子應深諳「兵不厭詐」的道理，對於女孩的語言，適時的運用一點反其道而思之的逆向思考模式，來個反話會正意。這樣，在情場上你就可以成功的「俘虜」女孩的心。

有些女孩經常打電話或傳訊息給男朋友訴說：「我最近很忙，實在無法與你見面。」「我想一個人出去旅行放鬆，最近不能與你見面了。」如果你相信的話，那你就是大傻瓜，她真的這麼忙，怎麼還會有閒工夫打電話或傳訊息向你訴苦呢？

其實，女孩子在戀愛中總喜歡男友注意她、關心她。因此，許多女孩子在自己最無聊的時候便向她的男友說她好忙，在沒有別的約會的時候向你說約會多，都無法與你見面。她的真實意圖是用此法來吸引你的注意。如果你真的相信她，還以為是體貼她而對她說：「既然那麼忙，那就等以後再說了。」這只會引起女孩的失望。碰到這種情況，如是說，一定會獲取女孩的芳心。

「真的這麼忙？難道不能抽出一點時間來看我嗎？」「雖然你那麼忙，但明天的約會你一定要來，即使是半個小時。」記住：這種情況下，

女孩的真實意圖是：「雖然我很忙，但如果你約我，我還是可以抽出時間赴約的。」女孩子以為，如果你對她愛得很深，你就不會管她多忙，也要她抽出時間來赴約。

聽音品味

戀愛中，男孩子應根據女孩子的談話中的語調，語氣抓住女孩的言外之意。

萍下班回家，看到前方正步行的意中人浩，忙下車關切地問：「怎麼沒騎車？」「我想自己走一走！」浩熱情笑著回答。

「你這個人，實在讓人捉摸不透。」萍嬌嗔地說。浩敏感地意識到了些什麼：「我們推車慢行，不也是一副很絕妙的圖畫嗎？」這裡，萍說：「實在讓人捉摸不透。」實際上是說明她早已感受到了浩的魅力。因為男人的「深不可測」也是一種魅力。萍正是在了解浩一點而又不是十分了解時，她才會感受到浩的吸引力。浩正是從兩次漫步於大街上的場合及萍柔而微顫的聲音，品味出「你真讓人捉摸不透」這句話中隱含著「你真有魅力」的餘音並做出反應的。

愛情的世界裡，猜透女孩子的心的方式是各式各樣的，關鍵在於你平時要多觀察，用心留神，不斷累積經驗，掌握了一定的技巧，就會能體會到與女孩「心有靈犀一點通」的無限樂趣。

● 男人永遠在乎戀人的過去

男人為什麼總在乎他的戀人的過去呢？究其原因，首先是出於一種「處女情節」，如果自己不是第一個，豈不是有點撿他人不要的「破爛」

的味道？這關係到男子漢大丈夫的尊嚴。

其次是基於一種強烈的「個人占有欲」。他不但要占有她的現在和未來，而且還想占有她的過去。一旦這「占有欲」激烈膨脹即是家人、同事、朋友之間的正常往來也會遭到他的非難。

再次是因為男人都認為自己理所當然地應該知道戀人的過去。尋問一下，看看她的所作所為是否循規蹈矩。就是相當大度的男人也會下意識地問個沒完，唯恐有些不愉快的事情帶來終生遺憾。有趣的是，在這一點上，女人反而較看得開，她們較為關心的是戀人的現在和將來，所以會處處對男人寬容一些。

碰到秉性多疑的男人，不厭其煩地追問女人過去的隱私。如果女方說出一件，他會繼續要求她說出第二件、第三件。面對這種情況，即使過去真的有些什麼，女人也只好輕描淡寫地一言帶過，切不可竹筒倒豆子似的「坦白交待」。女人答話的結果如何，對於某些男人來說，也許是至關重要的。

有很多男人對女人表示：「沒關係，我愛的是現在的你，對你的過去並不在乎。」其實，這完全是自欺欺人的謊言。男人永遠在乎女友的過去。

日本現代著各作家高見順的小說《生命樹》裡有這樣一段情節：某酒吧女調酒師交了一個男友，此人想方設法了解到她過去曾有一個情人，並被其割破了臉。於是，當此人夜裡夢見她與舊情人同床共眠，便粗魯地搖醒她並質問道：「你一直都在想著他，他身上一定有什麼特殊的東西吸引你！」這位女調酒師傷心地說：「他只不過割破了我的臉，但是，你比他更殘忍！」

許多男人在跟戀愛對象關係發展到一定程度後，都會這樣詢問：「你跟我來往之前，喜歡過誰？他是做什麼的？」、「那是多久以前的事？你

們的關係發展到什麼程度？」這種追問的口氣，有時厲害得像是個「辨其撲朔，澄其迷離」的辦案刑警，有時卻柔和得像慈祥的祖母。這就是男人！這種對女人的過去糾纏不休的習癖，到底是由何而來？

當雙方都陷入情網時，女性對探索男人的過去興趣不濃，而男性對女人的過去，卻興致勃勃，不問個水落石出，是不會甘心的，為什麼男人有這樣的心理行為呢？

★ **這表示男性妒火之烈超過女性**：有人認為，嫉妒是女性的專利，這實在是一種錯誤的觀點，許多男性的嫉妒之心更甚於女性。莎士比亞有一部名劇叫《奧賽羅》，其主角奧賽羅（Othello）因為猜忌其妻子與其他男人有過來往，竟然活活將其勒死。

★ **男性的獨占欲望極強**：假如目前她已是他的女朋友，但男人對眼前這種獨占猶感不足，就連她的「過去」也想據為己有，即使明知這是不現實的事，也硬要如此，這種欲望如果過度膨脹，就會產生一些不正常的現象。也就是說，只允許她關懷他，最好絲毫不關心他以外的任何人。這種近乎變態心理所產生的結果，有時很嚇人的。許多當代年輕知識分子，對建立家庭之後生孩子感到很恐懼，他們認為一旦有了孩子，妻子就會把對自己的感情的大部分轉移到孩子身上，這是他們不樂見的。許多男人竟然認為孩子是影響夫妻感情的「第三者」。由此可見，男人的占有欲強烈到多麼驚人的程度。

★ **許多男人認為，探究女友的過去，是自己的一種權利**：所以，他們百般盤問女人的過去而絲毫不覺得自己度量狹小，而不覺得難為情，這樣的男人比比皆是。而女性則不同，她們只重視男朋友的現在和將來，對他們的過去，雖然也感興趣，但總不如男性那樣愛追根究柢。她們或許這樣想：「就算他過去有過什麼風流韻事，把它掛在心上又

能怎麼樣呢？還不是白費精神！」女人之所以能有這種寬容心理，主要是因為社會對男人的寬容影響了她們。

傳統的社會觀念對男人的要求不是那麼嚴格的，男人可以討幾房太太，男人可以上妓院，男人可以捧旦角，以至於女人對男人的風流只能睜一隻眼閉一隻眼，只求對自己好就心滿意足了。現代女人對男人的認知還留有過去的影子，要說有進步，就是要求男性現在和將來相對安分守己一些，而對男人的過去，一般就不去追究了。而傳統社會對女人的要求卻嚴格到苛刻的程度，以至於到現在還有大量男人認為自己有權知道伴侶的一切生活經歷。因此，我們經常可以看到這樣的現象：一個很好的女孩可以嫁給一個過去很壞的男人，而一個男人卻不會娶一個過去很壞、而現在卻非常好的女人。這就是說，女性的「水性楊花」或不守規矩並沒有受到男人的寬容，男人的思想裡面藏著這樣一個為社會公認的觀念：男人所娶的妻子必須在過去、現在以至將來都是純潔的。

在探問女性過去的時候，是輕描淡寫地探問幾句，還是窮追不捨，這就要看男方的性格了。個性陰險，心胸狹窄的男人，大概會囉嗦不停，無盡無休，當女方「自白」了一件事，他就立刻追問第二件，作了第二件「自白」，就強迫她作出第三件「自白」，如此一步接著一步，緊迫逼人。

現在有許多雜誌社，常收到一些年輕女孩提出這類問題：「自己脫序的過去，是不是該向對方坦白？」坦白的結果很可能是惹出更多麻煩。當然，最理想的方法應該是婚前彼此坦白，獲得諒解後再論及婚嫁。道理雖然如此，但殘酷的事實卻往往粉碎了許多純情女孩的美夢！婚前聽到女方的坦白，而情感發生動搖的男人並不少見。因而，有過失身經歷的女性，完全可以不告訴對方自己的過去，而不必去承受良心的譴責。試想，一個男人，如果你欺騙了他，他會感到很幸福，而你如果揭穿了事實，則會強

奪了他的幸福。相比之下更道德的,應該是前者。

　　男人如何看待探詢女人的過去,這是他們的一種權利,如果是這樣的話,那麼,對男性隱瞞自己的過去而不講真話也是女性的一種權利。

● 偷取每一個浪漫的小片刻

　　浪漫,不僅是在生日時收到令人尖叫的花束,新興的浪漫主義,要你偷取每一個能夠相聚的小片刻。

　　不妨試著就只是一雙緊握的手,一本兩人共用的漫畫書,一段有輕音樂陪伴的減壓按摩,你會知道,原來貼近一個人,是可以如此輕易。

★ **紀念日**：紀念不一定非要有個特別的理由才行。隨時發揮想像力創造慶祝的理由,不管是雨天、摔跤日,或是好不容易排了 3 小時才買到 Kitty 的紀念日都可以是一個浪漫一下的好理由。

★ **擁抱**：輕輕的一個擁抱能夠融化一顆層層防禦的心。當你為他斟上一杯香醇的咖啡時,別忘了多加上一個體貼的擁抱,這可比糖和奶精更讓他甜在心裡呢!

★ **調情**：這不是熱戀中的情侶專有的特權,婚姻中的你們擁有更多理直氣壯的理由。用一個迂迴的方式邀請她共進午餐,牽起她的手或是緊緊地摟著她,讓她有一個溫暖的依靠,或是以視覺、聽覺、或香味抓住她的注意力,讓她的雙眼在你身上多停留幾秒。浪漫,就從捨不得離開的眼神開始蔓延……

★ **臨別一吻**：你絕對想不到,當你急著出門時的匆匆一吻有多麼大的魔力。臨別的一吻能把你們彼此的心緊緊地繫住,讓你一整天都沉浸在甜甜的親密中,好像她從沒離開過似的。

★ **驚喜**：偶爾意外地為她煮頓豐盛的晚餐或是找她一起去她最喜歡的餐廳。精心地營造一室的浪漫，或者冰鎮一瓶純釀紅酒，再點上帶有香氛的蠟燭，隨著飄來的音樂，讓累了一天的心上人，有一個如履仙境的驚喜。

★ **承諾**：婚姻不僅僅只是一紙法律上的合約，它還包含了肢體、情感上的結合。在婚姻裡，雙方都引頸期盼彼此感情歸屬的忠誠及患難與共的相互扶持。在這裡，沒有中間的灰色地帶，你不能粗糙地只做一半的承諾，把另一半留給可能發生的一見鍾情。

● 愛情和責任從來不是敵手

他其實很優秀，應該有足夠的自信。但是，當那個美麗的女孩子向他表明愛情的時候，他卻感覺到自己瞬間掉入了可怕的黑洞。

他害怕愛情，於是選擇了逃避。

其實他也很喜歡這個美麗溫柔的女孩子，但是總覺得自己很卑微，難以給女孩子以幸福，更害怕愛情所帶來責任。這一切，都是不能承受之重。

他懂事的時候就沒有了媽媽，是父親將他帶大。他的生活經驗，愛情的概念就是責任和苦難。

每年冬季的平安夜，父親就會帶他搭上火車，到北方一個小鎮紀念他的母親。那夜真冷，北風凜冽，滴水成冰。他們在一間小旅店裡留宿，第二天，父親便會帶他到郊外的山坡上探視母親的墓碑，然後又拉著他到一幢十分破舊的小屋前，站立很長的時間。

父親對他說，他的母親沉睡於此。而這間小屋他和母親曾經居住很長一段時間。

在探望母親的日子裡，父親不停地哭泣、酗酒。他一個人孤獨地睡在冰冷的小旅店，瑟瑟發抖，不知是寒冷，還是害怕。

父親早逝，不到 40 歲就死於酒精中毒，他知道父親是為了愛情而死的。

可是女孩並不知道他的故事，她只知道如何喜歡他。

女孩每晚都到住處等他下班，為他煮好開水。有時還在屋內的桌子上擺放一瓶路邊採來的野花。

在即將來臨的平安夜，女孩再次把一杯滾燙的熱茶放到他的手上，輕輕說聲：「晚上做個好夢」，轉身走的時候。他的淚終於奪眶而出。

他們現在已經結婚 12 年了，事業有成，家庭幸福，並且有了一個健康活潑的兒子。他對我說：當年，是愛情戰勝了責任。而父親是責任打敗了愛情。

對於這個故事，我卻想說，其實，對於愛情來說，愛情和責任是兄弟，而不是一對敵手。

● 十六項男女心理差別趣談

1. 男性在年輕時會交很多朋友，但女性過了中年以後才會有更多的朋友。
2. 約有 25％的男性，在第一次約會時就愛上對方，但女性到了第四次約會，才有 15％愛上對方。
3. 女性作決定的速度比男性快。
4. 入學前到中學期的男孩子比女孩子更愛支配別人。成年後婚姻生活越長久，妻子就越成為被支配者。

5. 男性時常害怕愛侶會被殺或自殺，而女性則常常害怕愛侶會遭受意外的事故或年老死去。

6. 男人喜歡衝鋒式的工作，間隔休息，而女人則喜歡以同一個節奏工作。

7. 大多數對成年人所做的調查都顯示，男性和女性愛搬弄是非、製造謠言的程度是一樣的。

8. 阻止犯罪的研究顯示，遇到壞人時反抗的女性比男性多 25%。

9. 約有 2/3 或 4/5 的酗酒者是男性。十個丈夫中，只有一個會與酗酒的妻子生活；但十個妻子中，卻有九個會繼續與酗酒的丈夫生活。

10. 犯罪的單身男性比已婚男性多，而犯罪的單身女性則比已婚女性少。

11. 聲稱快樂滿足的已婚男性幾乎是單身男性的兩倍，但已婚的女性卻比單身女性更常表示不快樂，不管有無孩子。

12. 流產的胚胎大多是男孩。

13. 關於做夢。男性較經常夢見陌生環境裡的陌生男人，一般多與暴力相關，即使夢見女性，多半與性愛有關，女性在夢境中，總是夢見熟識環境裡的朋友和親人，女性的夢境通常在戶外，氣氛大多友善，除非是月經來臨前，這時女性做夢時會覺得懊惱和緊張厭煩。

14. 女人喜歡隱藏她們最深的感情，而男性喜歡讓對方知道，如果你問一個男人「這個麵包是哪裡買來的？」他會告訴你；而把這個問題問一個女人，她通常會反問「有什麼問題嗎？」。

15. 女人到家門口才掏出開門的鑰匙，而男人早就掏了出來，女人劃火柴時，總是把火柴劃出，而男人總是劃入，也許是女人怕燒到自己。

16. 一家德國報紙進行了一項測驗，在慕尼克的一間商店裡裝了一面長鏡，然後觀察經過長鏡的男女，看他們有著什麼如何的反應，在八

小時的觀察中，共有 1,620 個女人經過這面長鏡，1/3 停下來短暫看她們自己；而差不多所有 600 個經過長鏡的男人，都停下來好好看看自己，大多數又往後看是否被人注意。

● 喜歡與愛的距離

從喜歡到愛的心路並不遙遠。但能走通的人卻不多。永遠散步在喜歡的身邊，就能永遠體驗一種淺淺的甜意，毫無負擔，始終美美……而從喜歡走到愛，卻是一次成功的遞進，一次感情的再生。

喜歡會大聲地說：「嗨！我來了！」愛卻輕輕地講：「向前走，我陪著你。」

喜歡高歌道：「我走過青草地，漫步在小河堤，讓陽光擁著我，讓風纏綿……」愛低吟著：「你有一雙溫柔的眼睛，你有善解人意的心靈，如果你願意，請讓我靠近，我想我會明白你的心……」

喜歡使愚笨的人變得聰慧可愛，而愛使聰明的人變得智商大落差。

喜歡使女人永遠是女孩，嬌羞美麗，活潑可人；而愛能使女孩成為女人，堅強、寬厚、充滿溫情。

喜歡使人單純，愛使人深刻。

喜歡在歡快中遊玩，而愛在靜謐中沉澱。

喜歡是鬧市裡的霓虹燈，五顏六色，熠熠發光；而愛是燭火，它照亮人們內心深處的靈性，能將周圍的一切變得柔和迷離，隱約可見，卻富有內涵。

喜歡是選擇，而愛是接受。

喜歡就是喜歡，愛就是愛，千萬別把喜歡當成愛，也別把愛錯認為喜歡。

● 夫妻要有「心理距離」

　　刺蝟和刺蝟分得太遠覺得冷，擠得太近又刺傷彼此，婚姻之道也是如此。「小別勝新婚」，是很多夫妻都體會到的。夫妻之間距離太近，婚姻中那些令人感動的東西，也就會變得十分平淡；如果小別或久別重逢，那麼相遇時碰撞所激發的光和熱，也許比作為兩性契合峰巔的新婚更令人心醉、令人依戀。

　　英國劍橋大學教授愛德華·布洛（Edward Bullough）曾提出「心理距離說」，他指出審美活動中必須在主體和對象間保持一定的心理距離。如果距離太大，主客體脫離連繫，無法引發審美體驗；如果距離太小，主客體過於貼近，也無法引發審美體驗。這就會導致距離的迷失，也就是「距離的自我矛盾」。

　　心理距離的變化會影響愛情的興致。婚前的戀人在心理上是有距離的，因而雙方總有一種神祕的吸引力和近於聖潔般的傾慕，雙方心理的敏感係數很高。一點秋波蕩漾，會使你心曠神怡；一個甜密的親吻，就使你飄然欲仙。但在婚後，夫妻之間的這種心理距離頃刻消失，原來的神祕感也隨之消失，近乎聖潔的傾慕被習以為常所代替。如此，彼此變得麻木，心理敏感係數急劇下降，甚至連一點新鮮感也沒有了。在婚姻生活中只有沉悶和苦惱日積月累，愛情的興致也就漸趨平淡，婚姻危機也就隨之產生了。

　　不難發現，一些愛侶，當他們身處兩地時，情話綿綿，道不盡相思之情。可當他們共處一室時，那種感情反倒消失了，久而久之，爭吵成了家常便飯。其實，這是因為愛情缺少喘息機會，患上了「感情疲憊症」，愛情之樹，需要用溫情去澆灌，但又不可無休止地去澆灌，否則無異於摧

殘。真正的愛情之火，不會由於心理距離的增大而熄滅，反而能培育可貴的婚姻向心力。

因此，在現代婚姻生活中，適當拉開夫妻生活的空間距離和時間距離，變化生活節奏，在一定程度上可發恢復戀愛時的那種朦朧美，增加夫妻之間的依戀感。

什麼樣的人婚姻易失敗

有婚姻專家對上百對離異夫妻進行了調查研究，發現這樣的人婚姻易失敗：

1. 過度浪漫的人。他（她）們對婚姻生活的期望過高，對伴侶要求過高。

2. 過度依賴父母的人。這類人在心態上尚未成熟，婚姻生活中一出現問題，就向自己的父母求援，不會和伴侶一起設法解決。

3. 過度戲劇化的人。此類人對喜怒哀樂都作出劇烈的反應，不但令對方感到「咄咄逼人」的壓力，而且往往在問題發生之後，由於反應過激而失去挽回的餘地，導致婚姻失敗。

4. 過度遷就的人。這類人對伴侶過度遷就、寵溺，事無鉅細樣樣代勞，惟恐侍奉不周。經年累月之後，另一方理所當然形成頤指氣使的習慣，偶爾的「侍奉不周」便會成為衝突摩擦的導火線。

5. 喋喋不休的人。這類人無法讓對方有相對安靜的環境，久而久之使對方產生厭倦情緒。

6. 過度懶惰的人。這類人對伴侶的依賴性太大，凡事都由對方去做，自己心安理得地享受，時間久了會讓對方覺得是一種累贅，體味不到生活的溫馨。

7. 過度挑剔的人。這類人對伴侶的任何思想行為，都不斷作出尖銳的批評，令對方無法忍受。

8. 過度吝嗇的人。這類人不但自奉甚儉，亦不能容忍伴侶做稍超常規的消費，生活上應有的娛樂或享受都被剝奪，自然樂趣全無。

9. 多愁善「病」的人。這類人多見於女性，她們不斷為一些想像出來的「疾病」向丈夫訴苦、抱怨，希望引起丈夫的關懷注意，但往往弄巧成拙，使丈夫無法忍受。

10. 苛求完美的人。這類人對一切事物，都要求達到自己心目中的最高標準，致使婚姻雙方身心均需承受重大壓力，良好的婚姻關係不易維持。

● 聰明的伴侶不說永遠

你約會遲到，可能會遲 15 分鐘，那麼，你用電話通知對方時，倒不如說：「我也許要遲 30 分鐘。」假如你老實的說：「我要遲到 15 分鐘。」那麼，即使你只是遲了 14 分鐘，對方也會覺得已經等你很久了。可是，你說是 30 分鐘，卻只是遲了 15 分鐘，他會覺得你早到了，非常高興看見你。你已經早到了 15 分鐘，他怎麼還好意思責怪你？

你本來要 30 分鐘才趕到，但你在 15 分鐘之內已經到達，可見你多麼重視這個約會。如果他要怪你，便是他不近人情了。你唯一要冒的險，便是對方在電話那一頭聽到你說要遲 30 分鐘時，他也許會不滿地說：「還要 30 分鐘？」

不要給對方太大的期望，也不要承諾什麼。當你讓他失望，卻又很快給他一個驚喜，這樣，他會心悅誠服。

即使你沒有，你也要設法讓他感到你努力不讓他失望。

所以，聰明的人不會說「我永遠愛你」。他們只會說：「我不知道可不可以，但我會努力。」

那麼，即使他後來變心了，你也會原諒他，因為你相信他曾經付出最大的努力。如是他一開始便說永遠愛你，後來卻做不到，你會認為他根本沒有努力地去做。

● 兩個人的哲學

一個朋友告訴我：她很喜歡看戀愛時的女孩，戀愛時，即使最平淡的女孩也會變得光彩照人，再醜陋的女孩都會顯出魅力。

我相信她的話，一個優秀的、有意思的男孩本身就是一道神奇的風景。在他面前，女孩子平庸匱乏的東西會悄然滑落，迷人有趣的可愛之處會全都展現出來。這大概就是人們所說的神奇力量吧！同樣，一個優秀的女孩也能創造生動的男人形象。

也許，這是造物主的計畫。他讓男人和女人在面對對方時從對方的眼眸、體態聲音中看到各種美的形象，喚起人心靈深處對美的渴求和與生俱來的創造美的才能。造物主讓男人創造女人，讓女人創造男人，然後，讓他們共同創造一個美好的世界。

一個朋友對我說，她是喝著她男朋友的「血」長大成熟的。說這話的時候，她有一種對自己的驕傲和自豪，但也有掩飾不住的落寞和悲哀。許多年前，她還是一個稚嫩且不諳世事的小女孩，而年長一些的男朋友已在社會打滾。男朋友帶她進入廣闊的成年世界，她以小女孩的聰穎和好強拚命地吮吸著這種養分，全面地發掘塑造著自己。如今，他們依舊在一條路上走著，但心靈的距離已很難使他們的靈魂如前一樣對話。他們都感到孤獨。她已看到外面那個更大更豐富的世界，她的心靈無時無刻不在這種誘惑中躁動。她渴望和他像從前一樣攜手走入那個世界，創造更廣闊燦爛的人生。但她明白，這麼多年來，習慣和墮性已使他無力再和她一起在新的

世界裡闖蕩，扶持對方。她無法瀟灑地擺脫曾經滄海的深情，但也無法停止嚮往飛翔的心靈。

只有這時候，她才深切地後悔在那麼多年裡，他們都忽略了彼此的陪伴，她在長大成熟的同時忽略了以一個女性和智慧去養育陪伴她的男人，他在給予扶助的同時卻忘記了他還應該同時汲取、豐富自己。

有很多這樣無奈的故事。男人能夠創造女人，女人能夠創造男人，這是造物主的偉力。但是，為了共同創造寧靜輝煌的人生，男人必須去創造養育自己的女人，女人也必須去創造養育自己的男人。那是一種耐心的愛，漫長的人生旅途會因為這種耐心而在無數點點滴滴枯燥乏味的瞬間閃耀出美麗和驚喜。

為了這種共同的創造養育，男人必須奮鬥，女人必須吃苦。任何一種逃避和放棄，都會使心靈落伍，而每一份真正能讓我們在茫茫人海中忘卻孤獨、擺脫對死亡恐懼的愛，都永遠是與心靈為伴的。

兩個人走入了愛情的小屋時，人生才剛剛開始。瑣碎、忙碌的生活也許會使人忘掉愛的意義而陷入麻木刻板的日常生活中。有一天，當他們想拆掉這座因青春搭建起來的小屋時，才發現，這座小屋曾給了他們多少美好的歲月，只是由於他們忘掉了愛的責任才使彼此感情和價值在自己眼裡蒙上了歲月的灰塵而黯然無光。

小屋拆掉了，男人和女人匆匆而去各奔東西，只留下創痛在彼此的心裡。

我想，拆掉一座小屋並不可怕。因為只要明白了愛的意義，就可以在新生活中重建小屋，重新在一雙新的眼睛裡發現自己，塑造自己。

可怕的是，這個庸庸碌碌、五顏六色的世界會磨掉生命中最可貴的熱情而使我們不再相信愛的價值，甚至不屑於愛。那樣，男人和女人之間的

分分離離，只是為了滿足各自對金錢、權力、地位、性或事業成功的欲望，感情只是一個藉口。那座小屋，也許會豪華寬大起來，但無論人來人去，卻都冷冷清清。

當然，在我們的生活中，並沒有太多的大愛大悲，也沒有多少人們夢魂縈繞的情愛浪漫。很多很多平平凡凡的男女帶著簡簡單單的故事和經歷築起了一個他們的小屋。也許，他們並不奢求麼輝煌的人生，也不苦求心靈的契合，平平淡淡的日子像水一樣流走。男人，女人，孩子，如燕子銜泥一樣精心構築著他們的小巢。丈夫，像一個真正的大男人一樣保護著自己的女人；妻子，以女性溫柔純淨體貼撫慰著自己的男人。冬夜歸來一盞不熄的燈、一條熱熱的毛巾，高興時一次難得的淺酌對飲。但這些，已使我們平平淡淡的生活一點一點地好起來，使那座小屋越來越溫馨怡人。

● 不要委屈自己的愛情

到底什麼叫所謂的愛情？科學家給了我們答案：愛情就是一種神經中樞反應，與腦部基底核相關，由多巴胺等三種化學物質決定，這些化學物質使成熟的男女陷入一種「迷狂」，而且有自己的週期，長則 30 個月，短則幾十天，必然消亡。一個很多人憧憬的愛情本質卻是這樣的冷酷和乏味，似乎就注定了本來就不存在什麼天長地久的愛情。這樣看來對於很多把自己一生的愛情寄託於先結婚再戀愛模式的人似乎也無可厚非了，因為本來就沒有什麼永遠。也許有的人會說那種從愛情到親情的感覺才是更長久的相守，但是愛情是可以培養出來的嗎？即便你相信它可以，但是你就一定會和共同走進婚姻的那個人產生感情嗎？我想這個問題誰也無法篤定，這個問題也許就是無解。

　　這麼看來，愛情的幸福永遠也不會如不熄的明燈，可能在更多的時候是痛苦。其實愛情的痛苦無非兩種：相愛的不能相守；相守的不能相愛。但是這似乎又太過於絕對了。相愛的相守了，但是就能相愛一輩子嗎？相守的不能相愛，倒簡單了，起碼雙方都沒有痛苦，大家只是守著那一紙婚姻，但是要是再愛上了別人，就製造出了新的「相愛不能相守」，況且那個相守的人因為不愛你，豈肯放了你。這樣不斷的往復永遠沒有了盡頭。所以，現在很多的人獨身似乎是很好的選擇，起碼不會有痛苦。這樣的結果也許是一種追求的生活，也許是很不小心走到了這步田地，不論原因是什麼，結果只有一個那就是自己一個人走人生的路了。沒有牽掛、沒有傷心、沒有無愛的苦痛，有的只是在無人的夜晚那份偶爾的孤寂而已，但是這樣的人似乎總能讓自己不孤單。當沒有了承諾，可能兩個人可以更自在地相處，好像不會有厭倦的那一天，也許這樣才是對自己好一點的證明。

　　看來無論是選擇婚姻還是選擇獨身，其中只有一點是應該永記的：無論什麼時候都不要委屈自己的愛情。

● 相愛的日子裡找到自我

　　你一直相信自己是個頗有個性且有獨立意識的現代女性，但是當你和心儀的男朋友走過了一段相親相愛的日子後，你突然發現男友像個修改作品的雕塑家似的，正按照他的意圖「改造」你呢。你感到無比的煩惱和無奈。順著他你不快樂，不順從他又不高興，更重要的是你也不想因此毀了這份情緣，那麼哪種途徑可以使你既「保全」了自己，又維護彼此之間溫馨的愛情呢？

明確自己哪些是可以改變的

　　和所有的女孩一樣，你希望自己從內在到外表都是最完美的。當然為了愛情你也願意改變所有不完美的地方，比如原來邋遢的習慣現在已變得愛整潔了；以前對廚藝一竅不通，而今在很短的時間裡就能張羅出豐盛的晚餐，在父母和親友們讚許的目光中，你除了有一點點的得意外，更多是有一種無法言狀的焦慮，因為你已意識到自己身上正寄託著男友改造你的大大小小的「目標」，小到你的衣食住行，大到你的興趣愛好。

　　莉的男友是一家私人企業的老闆，一身的男子氣概讓莉的朋友們羨慕有加。莉和男友在一起時雖衣食無憂卻有難言的苦惱，莉的男友總是控制她的一切，包括穿衣戴帽修飾打扮，只有他買的莉穿上他才滿意。莉總是在心裡告訴自己，還不是因為他一片痴心嗎？婚期愈來愈近，莉正想請假布置新房，男友告訴她，他已計劃好了，婚後莉辭去工作，在家裡相夫教子。莉聽後大吃一驚，沒想到相處幾年的男友竟說出這等笑話，因為他知道莉鍾愛著自己的工作。淚流滿面的莉才意識到自己被男友改造得太徹底了，遷就對方也太多了，而今自己陷入到進退維谷的境地。

　　生活中很多女孩子像莉一樣，對自己了解不足，而且以為滿足男友的要求是掌控他唯一方式。正因為如此，一些男人便總能在最佳時機，逐步達到改造對方的目的。所以重要的是掌握分寸，哪些是可以改變的，既然相處，彼此遷就協調在的難免，但當他要求你所做的改變讓你感到不愉快時，你也該有足夠的智慧和勇氣告訴他：謝謝你的建議，但那樣做有違我的本性。

幫助他正確地了解你

　　既然彼此相愛，男友就應該理解你、尊重你。但如果你的男友恰好是那種粗心又自負的人，你就有必要讓他知道你的真實想法和需求，爭取讓他充分了解你的內心世界，或許知道了你的真正感受，他就不會那麼武斷地勉強你了。

　　婷像她的名字一樣長得纖弱文靜，她和男友曾是高中同學。彼此相愛後男友總是想讓婷和他一起做建材生意，婷對此卻毫無興趣，而且市場上的那種喧囂和嘈雜也讓婷既心慌又茫然。她只想開一家優雅的小花店，在含翠嬌豔的鮮花中滋養身心。但男友卻滿心不快，他甚至不願知道有關婷的一切情況。他們爭過，吵過、甚至想到分手，但那些充滿愛情的日子畢竟讓彼此難忘。最終婷還是想了個辦法。情人節那天，男友突然接到一個電話，請他到某路某號去。男友找到那裡時發現是一家店面很小但很溫馨的鮮花店，婷正捧滿懷的玫瑰笑盈盈地站在那裡，店鋪的名字是他和婷名字的最後一個字。男友的眼睛溼潤了，有一隻敏感的手在撥動著他心靈深處那根弦，他在店裡坐了很久，看著一對對情人捧著鮮花含笑離去，他突然發現婷的選擇是多麼正確。

　　也許在外面你是個事業有成、獨當一面的女性，可在他面前你就失去了果斷，更多的時候則委屈求全，這讓你不由得身心俱疲。有時你甚至搞不清楚自己這種轉變是出於自願還是為了討男友的歡心。比如當你和他意見相左而起爭執時，總是你先讓步檢討自己；你曾為了討好他，放棄了自己原來的嗜好，轉而培養他喜歡你去從事的活動；你曾為了迎合他，把自己的外表或生活形態做了一百八十度大轉變，甚至你總是習慣問自己「如果我這樣做他會……」無可否認的是，在你和男友的交往中你正一步步地

失去自我。

　　一些專家建議，想重拾自我的女性，應先從檢視自己的內在需求開始，比如先問自己：「最恐懼的事是什麼？」「為什麼我總是不能鼓起勇氣告訴他『我不想為了取悅你而改變？』」透過這樣的問題，不僅讓你有勇氣面對被改造的頹勢，同時也避免你愈陷愈深。同時，重要的是你應採取積極的方法恢復自己快樂自信的形象，比如和你的好友恢復親密的關係，在那種信賴和彼此平等的交往中找到認同，同時也要客觀地檢視男友對你的態度，以認清你目前的處境，切記你的價值並非建立在他的認同上，你有權自己做主，也有犯錯的權利。

　　在相愛的日子裡，一個懂感情有智慧的女孩應學會保存自己，並完善彼此的關係和人格，這或許正是使愛情篤厚長久之道。

● 寬容不是拯救愛情的良藥

　　曉冬曾和我在電話裡交談了近一個小時，昨日，他又寄來了一封長信，「感情的事是幾句話說不清楚的。他在信中說 ──

　　我今年26歲，21歲時我認識了現在的女友。我們的相識很自然，有一見如故的感覺，彷彿前生相識，今生再見。

　　像正常人一樣，熱戀慢慢冷卻後，我們漸漸開始為一些小事爭吵，但並不傷及感情。日子不知不覺過了兩個年頭，我們再也不吵架了，彼此磨合後我們適應了對方。

　　日子是平淡而又平靜的，我們的關係已確定，雙方父母也不反對。我很愛她，並賣力地工作，發誓要讓她幸福一生。

　　她為我墮過一次胎，我總覺得對不起她，所以總想為她多做些事情。

可是後來我發現有了一些變化，問她也不說。最後才從電話中得知道有個男孩一直在追求她。女孩如果變心是能看出來的，我明白地告訴她：你可以選擇，我會祝福你。

1998 年 8 月我去出差，離開時我提出分手，她拉住我崩潰大哭，說捨不得我。

一個月後我回來了，在一個親戚家找到了她。她的目光飄忽不定，她告訴我，她對不起我，配不上我，她要去處理一件事 —— 她去墮胎了，卻不是我的。我真的很痛苦，想對她置之不理，但是我不管就沒有人照顧她了。我一句話都沒說，只是默默地為她做了一頓營養的飯菜。本想和她一刀兩斷，但她需要我，我最終以寬容接納了她，一切又恢復到原來的樣子。

今年 6 月底我們登記結婚了。

然而歷史常常會又一次重演，我們公司裡有個年輕人，活潑健談。我的妻子也很愛玩，他們聊天很投緣，有時候還打情罵俏，我沒有介意，我相信在走過一次彎路後她不會再犯錯的。然而我錯了，有一天她回來得很晚，她告訴我：做了對不起我的事。我提出離婚，她又不願意。

我很矛盾，我的確愛她，但現在這種愛已經大打折扣，更何況三個人每天都見面。她一邊說愛我，同時又對他那麼熱情，我該如何面對？真想放棄這段感情，但各方面的壓力又極大。

我讀過一篇文章把女人分成了四類，可愛但不可靠的，不可愛但卻可靠的、不可愛又不可靠的、又可愛又可靠的，從曉冬的敘述中可以看出，他的妻子顯然是屬於可愛卻不可靠的那種女人。選擇可愛又可靠的女人是男人最大的驕傲，但選擇可愛不可靠的女人，男人則需要最大的勇氣，也許這個時候不該責怪痛苦的曉冬，但有幾句話不得不說：寬容絕對不是拯

救愛情的良藥，一個可愛的女孩子面對不斷的外來誘惑，在男友一再的縱容中，仍有可能犯錯。曉冬的錯誤在於女友第一次出軌時，雙方對於未來並沒有徹底想清楚！表面上重歸於好只是把問題「掩飾」起來。奉勸曉冬釐清自己的想法，並說明清楚。

● 不為分手而哭泣

分手，在通常情況下難免要帶上幾分傷感的色彩，但是，現代人打出了「不為分手而哭泣」的旗號——有些人是因為對愛情有一番獨特的理解，有些人是因為遭遇了太多的傷害，有些人則是遊戲人生……

只是，沒有眼淚的分手是不是過於乾燥了？

何必傷逝？「黯然銷魂者，唯別而已。」

分手，好像總是痛苦淒涼的事情。尤其情侶之間，「愛到盡頭，覆水難收」，無可挽留之際，不免又偏偏想起對方的許多溫柔，於是肝腸寸斷，死去活來，也就在所不免。

按照佛家說法，愛、憎、離別都是人生的大痛苦，由愛生憎，由憎而生離別，在許多人是一路走來，結局如此。離別之時，好像所有愛憎都要勾銷，但彼此的心靈、生命委實已託付在共同的歲月中，又怎能匆遽抹去！這裡的傷痛，及其帶給人的虛無、幻滅感，當然較單純的愛和憎要大得多。「銷魂」兩字，定然只有過來人才道得出。

魯迅的《傷逝》，正是我所讀過的戀愛故事中，最淒美、最銷魂的一篇。小說寫到「我」即涓生向子君提出分手時……

「我同時預期著極大的變故到來，然而只有沉默。她臉色陡然變成灰黃，死了似的；瞬間便又復活，眼裡也發出了稚氣的閃閃的光澤。這眼光射向四處，正如孩子在飢渴中尋求著慈愛的母親，但只在空中尋求，恐懼

地迴避著我的眼。」

　　期待浪漫，但無法共同面對艱苦、瑣碎的生活，浪漫終於難以為繼，而且變成了更大的包袱。

　　不過，這畢竟是世紀前葉的故事了。現時代的都市情愛，擺脫了物質之累，也沒有肺結核這個黛玉病作可怕的背景，分手的方式該是輕鬆灑脫許多吧？

　　記得 20 年前有首流行歌曲，名為〈戀曲 1980〉的，在今天看起來，其愛情態度可謂先知。歌中寫道：「你曾經對我說，你永遠愛著我，愛情這東西我明白，但永遠是什麼……你不屬於我，我也不擁有你，這世上沒有人有占有的權利，或許我們分手，就這麼不回頭，至少不用編織一些美麗的藉口。」這是在熱戀之中，就已預感要分手了，它好像是對於海誓山盟的傳統愛情的背叛，卻也道出了愛情本身就充滿變數、難以預測的真實。

　　既然如此，分手可以表現得很友好很溫情。同一個歌者的另一首歌，名為〈告別的年代〉，有這樣的句子：「道一聲別離，忍不住想要輕輕地抱一抱你，從今後姑娘我將在夢裡，早晚也想一想你。」沒有劍拔弩張，沒有淚飛傾盆，也不是斬釘截鐵一刀兩斷，而是餘音嫋嫋珍重再見。

　　細細想來，這樣的分手反而是最健康的一種。其實它是有所前承的：相戀的人尊重對方個性的完整，彼此不加拘牽，當感到性情不合，或因時勢所礙，分手在所必然，便不作勉強，自然分開。這裡的溫情，當然不是為著體面的刻意設計，而是對共同生活的珍惜和懷念 —— 真正的愛，即使沒有結果，也應該是滋養而不是傷害；應該令人懷念。

● 分手後最不該問的十個問題

1. 不要問她為什麼會分手？既然已經分手，一切已經沒有機會挽回，就不要再問為什麼，會更加覺得離開你是對的，為什麼？因為你很可憐。

2. 不要問她還有沒有機會可以破鏡重圓？那只會給你更深的傷害。

3. 不要問還記不記得曾經的快樂時光？如果已經離開你，就是因為她已經忘卻了曾經的時光，即使記起也是在分手後很久的事，而絕不會是分手時。

4. 不要問我哪裡比不上他？她會說他的確比你好，雖然她可能會後悔，但絕不是在分手時。

5. 不要問曾經說過的話為什麼就成為了玩笑？因為山盟海誓本來就是成年人的玩笑。

6. 不要問十年以後的分手紀念日我們可不可以見一面？她會笑你只會說將來，而不懂得珍惜曾經擁有的東西，還會說就是因為你給的承諾太多，所以才選擇離開。

7. 不要問為什麼自己能夠拒絕別個女孩的誘惑苦苦堅持真愛，而她卻不能？她會說她更喜歡實際的東西，你也該知道什麼叫實際的東西。

8. 不要問她為什麼拋棄當初共同的理想？她會說理想本來就很虛無。

9. 不要問還可不可以當朋友？那都是自欺欺人的話語，你的心已經被劇烈的割傷，何必再掩飾什麼，想必你們不可能再成為普通朋友，不要抱有什麼幻想了。

10. 不要問在她心裡你占據著什麼樣的位子？她會說她會把那份愛珍藏在內心的最深處，講白了就是再也不願翻開的記憶，不是嗎？

● 失戀自療藥方

「失戀」有如大病一場，病症 ──「心如刀割」、「淚腺過敏」、「食慾不振」……但因失戀而影響你的事業就絕對不值得。只要你懂得利用，其實辦公室可作為你的「自療所」，不單令你的病不治而癒，更充滿意外收穫。

★ **給上司好印象**：平日在辦公室內，與男友煲電話粥確實會浪費不少時間，失戀的你，不需再等待「一日三餐」男友回報的電話，省卻的時間可使你更加專心工作。

結果：少了煲無情的電話粥，上司自然給你加分！

★ **環境好、好辦事**：要寄情工作，首先要「清理門戶」，一見到男友的「遺物」便怒氣沖沖的你，就要立即將與男友的合照、擺設、花瓶等統統收起或拋進垃圾筒。

至於用作談情的電話，sorry！你上司絕不容許你移開，可以做到的，只有盡量移開你的視線。

結果：檯面更整潔，辦事更 easy！

★ **工作忙碌是最佳的「靈丹妙藥」**：忙碌可暫時令你忘卻傷心事，嘗試將自己的工作排得緊緊，若沒事可做，可主動向上司要求爭取，盡量令自己沒點透氣的機會，就算夜闌人靜的時候，疲倦的身軀令你未及培養情緒去傷心而累得倒頭大睡。

結果：多加鍛鍊，自然更有辦事效率！

★ **重振「紅」風紅色衫**：用作「沖喜」之外，也可使你看來精神百倍，一段戀愛的結束即是新戀愛的開始，失戀的你故更加應該悉心打扮，令自己看來容光煥發。

結果：重新振作的你，不要常常對男朋友緊迫盯人，自然多些時間與朋友聚聚，擴大你的生活圈，令你的生活更多采多姿。

● 揭開美滿婚姻的奧祕

「百年好合，天長地久」是人們經常贈與新婚伉儷的美好祝願。然而，新人們能否承受住生活風浪的拍打，相濡以沫，最終安然抵達人生的彼岸，這其中蘊含著不少科學奧祕。

為解開美滿婚姻的奧祕，美國華盛頓大學的心理學家約翰·高特曼（John Gottman）在其家庭研究實驗室進行了長達 20 多年的研究。

高特曼教授從實驗中做出了許多出乎意料的結論。例如，他發現憤怒不是婚姻中最具破壞力的因素，因為無論是幸福美滿還是關係惡劣的夫妻都難免爭吵。在他看來，真正的「惡魔」是刻薄的指責、鄙視、詭辯以及溝通障礙。

夫妻之間權利的不平等分配對婚姻也有致命傷害。實驗顯示，大多數妻子傾向接受丈夫的影響。因此，男人需要作出改變，而許多改變不過是舉手之勞，如在妻子想交談的時候，把足球節目關掉。這個簡單的舉動顯示丈夫對妻子的尊重。高特曼的教授還發現，婚姻幸福的夫妻處理矛盾的方式與眾不同。他們不斷作出「修復嘗試」，這種嘗試經常包含幽默的成分。比如，有一對夫妻因為無法對要購買的車型達成一致意見而大動肝火，妻子在大吵大鬧時，突然將手放在嘴唇上，模仿他們 4 歲兒子的模樣，結果兩人同時開懷大笑。

高特曼教授認為，檢驗夫妻是否還有重歸於好的可能，最好的辦法是詢問他們當初最吸引對方的東西是什麼，如果他們還能夠回憶起最初那些令他們心中最神祕的奇妙感受，並報之以微笑，說明其緣分未盡。

● 莫將負面情緒帶回家

　　曾經看到過一組外國幽默漫畫，由於內容與筆者的專業關係比較密切，所以，時隔多年在腦海中卻依然記得十分清晰。這一組漫畫的內容是這樣的：一位丈夫在公司受了上司的責備，心中十分委屈，認為自己受了冤枉，卻不敢申辯，於是帶著一股怨氣回到家中。回家後，儘管妻子殷勤關心，丈夫還是橫挑鼻子豎挑眼，最後對妻子發了很大的脾氣。妻子莫名其妙受了委屈，便對兒子發火……。這組幽默漫畫是很有代表性的。自己在公司受了氣，把不愉快的情緒帶回家，使原先和睦的家庭氣氛變得十分緊張、不愉快，因此，心理學家和精神衛生專家告誡人們，莫將負面情緒帶回家。

　　何謂負面情緒？情緒可分為 7 種，即喜、怒、憂、思、悲、恐、驚。現代精神醫學將情緒分為兩大類，即積極情緒和消極情緒。積極情緒又稱為正面情緒，是能使人感到歡欣喜悅的情緒，例如興奮、愉快、歡樂等；消極情緒又稱為負面情緒，如緊張、恐懼、憤怒、焦慮、憂鬱、驚慌等。人生活在社會中，與外界接觸，不可能沒有情緒。

　　情緒具有感染力，尤其會感染最親近的人。當你晉級、加薪、中大獎時，一家人與你同享歡樂；如果犯了錯誤受處分，或上當受騙、損失慘重時，你的親人儘管會安慰、勸說你，但實際上他們的情緒也與當事人一樣鬱鬱寡歡。這就說明，情緒可以感染與你關係最親近的人。正因為如此，從心理衛生的角度來講，千萬別把負面情緒帶回家！

　　有一次，一對中年夫婦來到心理諮詢門診。妻子說，丈夫原先的脾氣雖然急躁一些，卻不輕易發火。一年前因公司破產，併到其他公司，叫他處理很多雜務，心情非常差。剛開始幾個月，下班回家不是悶悶不樂、抽

悶菸、喝悶酒，就是唉聲嘆氣。我總是勸他，一開始他還能聽進去，後來聽不進去了，還說我翻來覆去只有這幾句，嘮嘮叨叨沒完沒了。再後來他脾氣越來越壞，三不五時就發脾氣，將我們母女當作「出氣筒」，好像他發生的這一切都是我們母女所造成的。今天來諮詢，請醫師指教，他是否有心理障礙。如果有，我就原諒他，進行治療；假如沒有障礙，就打算離婚。丈夫怎麼說呢？他說在原公司，自己是個組長，好歹也是個「芝麻綠豆官」，說話有人聽。現在調到新公司，是個「打雜的」，人人都使喚我，都能指揮我。這間公司績效也不太好，我們這些人併過去以後就更差了。他們有時難免閒言閒語刺激我們。老實說誰願意這樣呢？在公司受了一肚子氣，回到家之後，老婆雖然在勸我，但是講來講去這幾句話我聽都聽膩了，又無法解決問題，也不能理解我的處境和苦衷，我越聽越生氣，就發火了。久了也就習慣相同的模式，一碰就爆炸，情緒失控。醫生，您是從事心理諮詢的，應該能理解我的心情，怎麼會是有精神病呢！

這是一個較為典型的病例。丈夫將不愉快的負面情緒帶回了家，致使一個原先和睦的家庭處於崩潰的邊緣。我對這位丈夫說，如果你還想要維持這個家庭的話，千萬不能再將負面情緒帶回家了！丈夫點點頭，似乎聽懂了我說的含義。這位丈夫諮詢了一次，就沒有再來諮詢。半年後，我翻到這張諮詢門診卡，打通了他們家中的電話，接電話的是妻子。她在電話的那一端對我說，自從上次諮詢後，丈夫變了好多，再也沒將這種負面情緒帶回來，家庭又恢復了以往的溫馨、和睦。

● 學會教育孩子

誠實 —— 讓自己心安理得

　　誠實是我們要用一輩子來學習的美德，當然，也許我們一輩子都不可能掌握。但我們要努力尋求這樣的一種生活方式 ——「一種讓自己心安理得的方法」。

　　誠實是大家都知道的美德，雖然大人並不是都做到了，但是教導孩子從小誠實卻是必要的。

　　然而，今天的社會卻充滿各種反面的示範，例如考試作弊、官員貪汙等等。或許你會懷疑，教導孩子誠實，會不會反而讓他以後在社會上吃虧？

　　其實，誠實是一種生活的方式，一種讓自己心安理得的方法；在應對各種事情時，誠實也是上策。所以，應該設法保留孩子誠實的天性。以下是教導孩子誠實的方法：

一、大人也要誠實

　　在日常生活中，大人有很多關於誠實的示範。例如，你開車或騎車時，是否遵守交通規則？買東西時，店員多找了錢給你，你是否退還？有人打電話找你，你不想聽，你是否讓孩子告訴對方，你不在家？

　　大人難免說些可能無傷大雅的謊言，但是在說之前，請注意，你身旁是不是有雙天真無邪的眼睛？你怎麼做，他可能會模仿。

二、讚美孩子誠實

　　學前的孩子多半不會說謊，父母可以進一步增強他們這種行為，看到

孩子有誠實的表現時,一定要讚美他們。

　　例如,三年級的女兒,在學校考試考不好,她很誠實的向媽媽承認,因為昨天沒有好好複習。

★「你很誠實,媽媽很高興,不過更重要的是,你以後不可以再犯,好不好?媽媽晚上和你一起複習。」

★「不用了啦!反正考過後就不會再考了。」

★「怎麼可以呢?我們學習不是為了應付考試,考試只是讓我們知道自己有什麼地方不懂而已,所以還是要好好複習才對。」

　　女兒不但沒有因考不好被罵,還因誠實受到讚美,而且,她還學到「學習不是為了應付考試」的觀念。

三、教導孩子負責

　　大人要教導孩子為自己的行為負責,孩子做錯時,還要教導他們解決之道。

　　例如,媽媽進廚房時,發現冰箱前有一顆破了的蛋,就問:「這是怎麼一回事啊?」

　　在客廳看電視的小女兒,很緊張的跑過來,說:「媽媽,對不起,我剛才拿牛奶時,不小心打破的。」

　　「你承認做錯事,這樣很好,但是還不夠,現在,你和媽媽一起把這裡整理乾淨。」

四、讓孩子覺得沒有必要說謊

　　很多時候,孩子說謊是為了避免受到處罰。因此,大人要直接幫助他們,使他們覺得沒有說謊的必要。

例如，如果你要求孩子考試一定要九十分以上，不然回家要罰跪，這不是逼他作弊嗎？

五、讓孩子知道誠實才是上策

平時看到誠實的人，或是新聞報導中有相關的例子，一定要指出來告訴孩子，讓孩子知道：誠實才是上策。

例如，爸爸在車上聽到廣播，一位計程車司機撿到乘客留在車上的皮包，裡面有很多錢，司機沒有據為己有，馬上送到交通電臺。晚飯時，爸爸就把這件事講給孩子聽，並且跟孩子討論，如果是他撿到錢，會怎麼處理？

獨立 —— 自己管理自己

「獨立」，簡言之，就是要讓兒童「自己管理自己」。這對今天的獨生子女，談何容易？如何讓孩子走出長輩庇護的陰影？您在思考，我們也在思考，希望您能從我們的欄目中有所收益。

現在很多孩子一天到晚說：「我好無聊！」他們不斷要求大人買各種新玩具，而且一直要找玩伴。他們愈來愈依賴大人，連在玩時也愈來愈失去獨立性了。

不能獨立，還意味著創造力減弱了，更令人擔心的，是對社會的適應力也跟著降低了。

學齡前的孩子常會碰到許多問題，父母在幫助他們時，就是要訓練他們自己解決自己的問題。

教導獨立的方法

★ **大人自己也要獨立**：如果媽媽連看到一隻蟑螂都要叫爸爸來，不但在無形中向孩子顯現出媽媽不夠獨立，就兩性教育而言，也不是正面的示範。

★ **教導孩子建立自信心**：對自己有信心是獨立的首要條件。

訓練孩子建立自信，大人應該常把「你做得到」、「這次犯錯沒關係，下次做對就好了」等話掛在嘴上，並且告訴孩子：「大人也會出錯，何況是孩子？」

讓孩子知道，「不會」是很平常的事，一點也不必害怕或不好意思，這樣可以增加他的自信，增加他面對挫折的勇氣。

★ **減少孩子看電視的時間**：父母應該限制孩子看的節目，也要跟孩子討論每天看電視的時間。此外，還可以告訴孩子，電視看太多會愚笨，變得自己不會思考了，七、八歲的孩子已經能接受這種說法了。

負責 —— 演好自己的角色

現代社會是一個競爭異常激烈的社會，不僅需要有知識、有技能的人才，同時更需要有責任感、能承擔風險的人。當你勇敢地承認自己的責任或者失誤的時候，你也就贏得了他人的信任和諒解。

在現代社會中，不論是商場交易或一般的人際相處，負責都是非常重要的品格。因此，教導孩子從小做一個為自己言行負責的人，非常重要。

首先，必須讓孩子跨出一切只為自己想、以自己為中心的一大步，也就是說先要有體諒心，懂得站在別人的立場來考慮事情。

其次，負責就是要把交代的工作完成，小孩可能不易了解這種抽象的

觀念，所以大人必須經常向他們示範各種負責的行為，並且說明負責的好處。以下是教導孩子負責的方法：

一、讓孩子分擔家事

三歲的孩子就已經可以幫忙做家事了。當然，這個年紀頂多是收拾小玩具，或把看過的錄影帶放回盒子中。隨著孩子年紀增大，父母就可以分配給孩子一些固定的家事。

例如，三年級以上的孩子，可以幫忙倒垃圾、取報紙。再大一點的孩子，則可以幫忙擦地板、做廚房的工作等。

二、讓孩子知道，家裡每個人都有份內的事

例如，媽媽正忙著準備晚飯時，小強忽然提議出去吃速食。

媽媽一邊切菜，一邊說：「可是爸爸怎麼辦呢？我們應該等爸爸回家一起吃晚飯才對啊！」

「你可以打電話叫他在外面吃啊！」小強連辦法都想好了。

媽媽想，並不是不能出去吃速食，但是應該趁機教導孩子「責任」的觀念。

媽媽說：「在我們家，爸爸去上班，媽媽在家做晚飯，你在這個時間，應該把該做的事做好，這樣我們都負責好自己的工作。等一下爸爸回來，再決定吃什麼，如果大家都想出去吃，那麼就出去吃。」

孩子接受了建議，同時也有了「每個人都有份內的事」的觀念。

三、教導孩子學習不要隨便答應別人

很多孩子常會答應別人自己做不到的事。大人有機會就要教導孩子，在答應人家之前，一定要先想清楚，以免做不到時被人家認為沒有信用。

例如，兒子答應同學週末下午一起打籃球，但是他忘了，他已先答應那時要和表妹去看姑媽。

「媽，我能不能下星期再去看姑媽？我和同學說好了的。」

「你早就跟表妹和姑媽說好的啊！我覺得，你應該趕快打電話給同學，取消打球的事，說明你忘了另有約定，這樣才不會讓人家覺得你沒有信用。」

「你先答應了表妹和姑媽啊！也許他們本來也有自己的計畫，但為了和你的約定而取消了。我們遵守約定，才是負責的表現。」

四、不要對孩子太嘮叨

這是很多媽媽必須改進的地方。媽媽對孩子過於嘮叨，不但會使孩子養成依賴媽媽提醒的習慣，而且還會不把自己該做的事放在心上。

五、讚美孩子的負責

孩子有負責的表現時，不論多小的事，都要適時讚美，這樣孩子知道你常在注意他的行為，就會產生督促作用。

例如，小宏放學回家時，書包總是亂丟。有一天，媽媽發現他回來後，把書包整齊的放在書桌上。

「哇！你今天很負責！你看，把書包放到它應該放的地方，是不是很好？不會擋路，也不怕弄丟物品。」

晚上，浴室的燈亮著，小宏隨手把燈關了，爸爸看到了，馬上稱讚說：「小宏真是家裡的小主人，節約能源，真棒！」

合作 —— 讓大家都贏

生活中我們不斷地尋求他人的認同、他人的幫助，期盼自身能擁有一個合作的、融洽的生活氛圍。但良好的合作意願與我們的「自我中心」多少有些抵觸和矛盾。要克服這一心理問題，你必須要將合作這一美德向你自己、你的朋友、你的孩子、你的……傳達：合作，我們才能共贏。

在當今社會中，合作是最重要的美德之一，但人們對合作的認知還明顯不足。

目前，很多幼稚園在課程中都設有「分享時間」，例如請小朋友各自從家裡帶來心愛的玩具，與大家一起玩，很多小學也注重「合作學習」，這是建立合作觀念的好方法。以下是教導孩子合作的方法：

一、大人要重視合作

在日常生活中，你對待親戚、鄰居、朋友、同事甚至陌生人，是否注意到公平原則？是否喜歡與別人合作？

你的行為就是孩子的榜樣。你也可以利用機會讓孩子知道，只有公平才會帶來「人人都贏」的結果，一個人懂得公平待人，才會成為別人樂於合作的對象。

二、培養孩子公平的觀念

大人要從日常生活中培養孩子公平的觀念。

公平的意義是權衡所有人的利益，將自己和別人的需求都列入後，所達成的協議。但是，公平常是無法用文字來規定的，所以在教孩子何謂公平之前，先教導他們克服自私、學習付出。

想要做一個公平的決定，合作是必要的。教導你的孩子，如何站在對

方的立場設想，一起討論出大家都可以接受的結果。

例如，兩個同學為了看電視吵了起來，一個要看體育頻道，一個要看文藝頻道，兩人都說對方霸占了遙控器，不公平！

「好了，我們來討論一個你們都覺得公平的方法吧！每個人先說出自己最愛看的節目，如果有衝突，再來協調，不然就每週一三五由同學甲決定，二四六由同學乙決定，這樣好不好？」

於是，兩位同學拿了電視節目表，很認真的研究起來，還自行互相談判，過程中有爭議、有讓步。老師覺得，他們已學習了民主政治的一課，如何透過協商，得到雙方都滿意的結果。

三、讓孩子自尋公平之道

避免過於重視數量上的公平，例如兄弟分一杯果汁，兩人各得半杯，表面上是等量，但這並不一定就是公平，因為弟弟一向喝得比較少。

類似情況，如果孩子已經夠大，不妨讓他們自行決定均分的方式。傳統「孔融讓梨」的故事，固然強調了手足之愛，但也不能事事都要小的讓大的。同樣的，大的也不一定都要讓小的。

教導孩子自行解決一些小衝突，也有助於他們日後的人際關係。

四、制定家庭共同的目標

如果孩子夠大，不妨透過家庭會議，制定家庭共同的目標。

初期，家庭共同的目標可以是很簡單的，例如在一週內，如果全家人都完成預定要做好的事，那麼週末時就可以一起去吃大餐。

之後，隨著家庭成員對這種方式的接受和認同，目標自然而然地會向更高層次邁進。

● 從哪些方面培養孩子的自覺學習能力？

　　心理學家研究發現，有 30％的孩子到了學齡時仍然不會自覺地去學習，總是要家長不斷地督促，上課注意力不集中，愛做小動作，寫作業邊寫邊玩等。這些問題並不是一上學自然就好了，需要家長、老師和孩子本人共同努力來解決。

　　首先，要使孩子對學習有興趣，那他才會努力去學習。帶孩子到大自然當中去，觀察自然，孩子會把好奇心、探索欲轉化為學習看書的動力。例如許多孩子都對恐龍感興趣，因為好奇，那他們就喜歡看許多有關恐龍的書，恐龍的知識也能記得住。如果能把課本知識與自然中的活動結合起來，孩子就會在玩中學習了。孩子在 13 歲以前天性就是愛玩、喜歡戶外活動的，如果壓抑了孩子正常玩的欲望，孩子總是覺得沒玩夠。當然，最重要的是培養孩子的學習能力。因為有些孩子即使你帶他到戶外活動，由於他注意力不集中，他也不會觀察自然界中有意思的東西。

　　學習能力應該是學習時的注意力、寫作業的速度和正確率、聽課能力、計算能力、書寫能力、語言表達能力，還有情緒穩定性。這些能力又是相互影響的，上課注意力與前庭平衡能力、大腦對身體的控制能力、智商、情緒等因素都有關。寫作業速度與智力、注意力、手眼協調性、情緒因素有關。聽課能力與腦－耳協調訓練有關。計算和書寫能力與腦－手－眼協調訓練有關。語言能力與本體感訓練有關。情緒穩定性與觸覺訓練有關。也就是說，孩子的學習能力都是可以透過專業的訓練提升。

　　另外，老師和家長的教育態度也很重要，首先我們要了解孩子為什麼會這樣，了解了才會理解，例如剖腹產的孩子就是容易上課注意力不集中、敏感、情緒易激動、動作慢，但是腦子聰明；7 歲以前的孩子說謊是

因為想像力豐富而自制能力差等，這些問題是可以訓練的。同時，每當孩子有一點微小的進步，老師和家長都應該給予鼓勵，毫不誇張地說，老師和家長的賞識能決定孩子的學習積極性，甚至決定孩子的一生。

● 孩子考了低分怎麼辦

★ **保持冷靜**：不要一看到孩子考了低分，不問青紅皂白，就把孩子臭罵一頓，更不能施加體罰，嚇得孩子再也不敢把低分試卷給家長看。

★ **注意聽孩子辯解**：有時「低分」不低。比如全班數學平均成績是 40 分，而孩子考了 60 分，可能是班上的「資優生」。此外，孩子考低分還可能有其他某種生理原因，如考試時頭暈、肚子痛等等。

★ **要與孩子以前的考試成績做比較**：看孩子是進步了還是退步了，如果孩子以前數學是 30 ～ 40 分，這次考 50 分就是不小的進步，進步就要表揚，不要一看到不及格就責罵。

★ **看孩子是單科差還是全科差**：要看孩子其他科目的分數，不要只看一門科目考差，就說孩子差，要把單科差與全科差區別開來。如果孩子因單一科目考差而感到自卑、氣餒，家長還要在鼓勵的同時，用其他科目的好成績來調整孩子的情緒。

★ **看孩子是考差是顯性還是隱性**：孩子的程度不可能在某一次或某幾次考分上反映出來，如有的孩子的考試成績是靠死記硬背得來的，機械答題，這是隱性的差；而有的孩子反應靈活，答題具有創造性，有時雖然考分不高，卻是隱性的好。

★ **看考試的內容**：如果是單元測驗或單項測驗考了低分，有可能是孩子對某一部分或某一項內容沒有好好掌握，要提醒孩子注意；如果是期

末考試或綜合練習考分低，就要引起重視，尋找原因。

★ **看孩子是非常差還是稍微差**：對於稍微差一點的，家長不要誇大其辭，以免傷害孩子的自尊心，削弱孩子的積極性。對於非常差的孩子，家長要與老師共同商量對策。

● 附錄：測驗女性的魅力

1. 當你看到一位比你更有魅力的女士時，你 ——
   A. 只看一眼，沒有引起注意　　B. 留心觀察並模仿　　C. 懷有敵意。

2. 你走在熙熙攘攘的大街上，男人的目光總是投向你嗎？
   A. 偶爾有　　B. 很多　　C. 極少或從未

3. 有人為你介紹工作，其中有必須向公司職員講演的安排，你會因為不願成為眾人注目的焦點而加以拒絕嗎？
   A. 看情形　　B. 否　　C. 是。

4. 你在公共場所，意外與你過去的戀人邂逅相遇，你是否感到尷尬？
   A. 不知道　　B. 否　　C. 是

5. 當你走進一個男士或女士的房間時是否覺得 ——
   A. 很隨便　　B. 不自在　　C. 以上二者之間

6. 你要下車時，你的男伴急忙給你打開車門，你此時說 ——
   A. 謝謝　　B. 我的手又沒斷　　C. 不用麻煩了

7. 你和男同事在公司開會，在休息時間，你能自願給他們倒杯咖啡嗎？
   A. 不會　　B. 會　　C. 看情

8. 一位男士與你要同時進門，此時他手上提著幾件大行李，你會微笑著幫他開門嗎？

A. 會　　B. 不會　　C. 有時會

9. 你希望苗條得像模特，然而你卻長得很豐滿，你是否經常穿掩飾豐
滿身材的衣裳？

A. 是　　B. 有時　　C. 很久或從未

10. 你穿上高跟鞋走路的姿勢是 ——

A. 扭來扭去　　B. 一般速度　　C. 箭步快行

11. 當你走過工地時，有的人向你吹口哨，你是否很生氣？

A. 是　　B. 有時　　C. 從不

12. 你在和男士講話時是否用眼睛凝視對方，嬌豔地啟動嘴唇？

A. 否　　B. 有時　　C. 是

記分表

1. A：3分　B：1分　C：5分

2. A：3分　B：1分　C：5分

3. A：3分　B：1分　C：5分

4. A：3分　B：1分　C：5分

5. A：1分　B：5分　C：3分

6. A：1分　B：5分　C：3分

7. A：1分　B：5分　C：3分

8. A：1分　B：5分　C：3分

9. A：5分　B：3分　C：1分

10. A：5分　B：3分　C：1分

11. A：5分　B：3分　C：1分

12. A：5分　B：3分　C：1分

評析與贈言

★ 12 ～ 22 分：你極有魅力，又能充分展現它，可以說你是「天之嬌女」。你要注意的是，掌握展現美麗與裝腔作勢的界限，否則難免有失高雅。

★ 23 ～ 46 分：你有魅力，但不善於展現它，有時還以錯誤方式克制自己的魅力，你應該建立自信心，利用各種社交機會展現你的魅力。

★ 47 ～ 60 分：你尚不是具有魅力的人，即使有些魅力也只能吸引少數與你持相同觀點的人。你只要注意自己內在修養，留心有魅力女士的言談舉止，情況就會好轉。

下編　贏得快樂人生

● 內心平安，生活美好

首先，請你放鬆下來，把你生活中事情重新排個順序，把對自己的關心和照顧放在第一位。

★ **對生活中所有美好的東西充滿感激之情**：研究顯示，當面對疾病或充滿壓力的環境時，用積極態度思考的人更能應付自如。走過每天的日子，對每個給過你幫助的和愛你的人 —— 包括家人、朋友、孩子和老師、商店店員 —— 都心存感謝。每天晚上上床時，至少想一件白天發生的好事，即使是很小的事，比如上班沒有遲到；收到孩子畫的一張卡片，就問問自己：「為什麼我只看到壞的一面呢？」

★ **沉默是金**：如果你不能很好地表達自己的想法，那麼最好什麼也別說。諷刺、挖苦和指責不僅對你攻擊的人毫無益處，而且也會破壞你內心的平靜。

★ **自我調節**：大多數婦女的頭腦中都充斥著至少半打要做的事情，你的身心不堪重負時，悲傷、焦慮、恐懼，甚至犯罪感便會隨之而來。調節，就是把你從繁雜的思考中解放出來，幫助你消除那些憂慮。找一個安靜的角落，擺一個舒服的坐姿或臥姿，把思想集中於你的呼吸。一旦私心雜念闖進來，盡量讓它們飄走，重新回到呼吸上來。調節的時間有多長，或者是否能成功地摒除雜念都無關緊要，重要的是你要每天堅持做幾分鐘。

★ **學會正確的呼吸**：大多數人的呼吸都既少且淺。更深、更慢、更有規律的吸氣和呼氣，能幫助你控制恐慌感，改善情緒和記憶力，使你的肌肉不會因焦慮而變得緊張。

★ **親近大自然**：心情不好的時候，去買束鮮花或盆栽植物，或者到公園

去散步，呼吸一下大自然的氣息。

★ **讀一本溫柔體貼的書聊以自慰**：讀一本詩集，或一本關於女性生活的傳記，看看她們是如何使生活變得更好的。

★ **拒絕「新聞」**：一些地方小報的內容，常常涉及謀殺、強姦、搶劫等，會增添你的憂慮和憤怒。打破每天讀小報的習慣，了解世界固然重要，但你有權選擇必須了解的事。

★ **順其自然**：總是堅持讓孩子做你想要他做的事，是導致你不快樂的重要原因。你的職責是保護和教導他們，除此之外，讓你的孩子展開他的翅膀吧！

★ **大膽假設**：你想在工作中感覺更勝任，或者更愛你的丈夫嗎？就這樣認為吧！也這樣去做吧！令你吃驚的是，改變你的想法和做法，真的會改變你的感覺。

★ **原諒別人**：對有些人來說這很難，但如果你能掌握住複雜的感情，你會得到內心的平靜。憤怒、憎恨、失望的感覺會徹底毀了你。重複說：「我原諒你。」被原諒的人不必出現，甚至不必知道你的原諒，原諒是你送給自己的禮物。是為了得到心靈的安寧。

★ **無私地幫助別人**：做一個志願者 —— 家庭護理、醫院看護、為無家可歸的人提供住處等。不要期望得到任何回報。

★ **欣賞藝術品**：參觀博物館、畫廊；學習素描或水彩畫；選修詩歌課。

★ **找快樂**：看喜劇、逗孩子笑、講笑話。

★ **更明智地進食**：有些人總是狼吞虎嚥或者飲酒作樂，以彌補內心的空虛或麻痺感情的痛楚。這毫無用處。請把每天的時間用在尋找愛和給予愛上。更慢、更紳士地吃東西，你會把飲食變得更是一種享受。

● 堅持你自己

　　當今社會的生活節奏越來越快，無論是來自工作上的無形壓力，還是人際關係上的交錯複雜，都給現代女性帶來了除去家事和親情之外的雙重困擾，而她們又該如何才能保持獨立，釋放真我，並以自信、堅定的態度面對接踵而來的紛繁複雜呢？

★ **面對生活，勇於說不**：生活最終選擇權在自己。當所有的人都覺得你適合某件其實你一點也不喜歡的事情時；當所有的人都覺得你的年齡必須得結婚生子時；當所有的人都覺得你找錯了工作愛錯了郎君傻事做了一籮筐的時候，你要勇於站出來說一個「不！」字，並且告訴別人，「我，要做自己喜歡的事！」、「我，要做真正想做的事。」只要你對自己的能力和將來充滿信心並且堅持不懈，那麼每一個女子都會成為百花園中既出眾又獨特的一枝。

★ **面對工作，要勇做「出頭鳥」**：很顯然，現在的企業、公司更加注重的是員工的實際能力和對公司的具體貢獻，雖然鋒芒畢露會讓人覺得是個容易挨打的「出頭鳥」，但假如你對自己有信心，不妨將它表達出來，證明給所有的人看。

★ **面對愛情，「我」就是最棒的**：在西方的業務員培訓課程中，有一部分是關於「自我鼓勵」和「心理暗示」的，一般會要求業務員每天出門的時候對著鏡子說，「我是最棒的！」以增加士氣，據說這麼做了以後，成功的機率就特別高，其實這種方法同樣適合於現代女性面對愛情的時候，因為女人在充滿自信的時候，往往是她最美麗的時刻。

　　面對愛情，是女性最容易失去自信的時候，每天對自己說句「我是最

棒的！」堅定地相信自己是獨一無二的，並將自己的優點發揮到極致，這樣的女人才會有最幸福的愛情。

● 每天給自己一個希望

有位醫生素以醫術高明享譽醫務界，事業蒸蒸日上。但不幸的是，就在某一天，他被診斷患有癌症。這對他如同天打雷劈，一度曾情緒低落。最終他不但接受了這個事實，而且心態也為之一變，變得更寬容、更謙和、更懂得珍惜所擁有的一切。在勤奮工作之餘，他從沒有放棄與病魔搏鬥。就這樣，他已平安度過了好幾年。有人對他的事蹟感到驚訝，詢問是什麼神奇的力量在支撐著他。這位醫生笑盈盈地答道：是希望，幾乎每天早晨，我都給自己一個希望，希望我能多救治一個病人，希望我的笑容能溫暖每個人。這位醫生不但醫術高明，處事的境界也很高。

在這個世界上，有許多事情是我們所難以預料的。我們不能控制際遇，卻可以掌握自己；我們無法預知未來，卻可以把握現在；我們不知道自己的生命到底有多長，但我們卻可以安排當下的生活；我們左右不了變化無常的天氣，卻可以調整自己的心情。只要活著，就有希望，只要每天給自己一個希望，我們的人生就一定不會失色。

每天給自己一個希望，就是給自己一個目標，給自己一點信心。希望是什麼？是引爆生命潛能的導火線，是激發生命熱情的催化劑。每天給自己一個希望，我們將活得生機勃勃，激昂澎湃，哪裡還有時間去嘆息去悲哀，將生命浪費在一些無聊的小事上。生命是有限的，但希望是無限的，只要我們不忘每天給自己一個希望，我們就一定能夠擁有一個豐富多彩的人生。

● 學會冷靜應變

　　一個人生活在社會上，免不了會遭到不幸和煩惱的突然襲擊。有一些人，面對從天而降的災難，處之泰然，總能使平靜和開朗永駐心中；也有的人面臨突變而方寸大亂，一蹶不振，從此渾渾噩噩。為什麼受到同樣的心理刺激，不同的人會產生如此的反差呢？原因在於是否能夠學會冷靜應變。

　　現代醫學認為，在影響人體健康和長壽的因素裡，精神和性格發揮非常重要的作用，一個人的精神狀態和性格特點，同先天遺傳因素有一定關係，但是更主要的是同後天的社會和自然環境的影響決定的。

　　面臨災難與煩惱，必須居高臨下，反覆思考，明察原因，這樣能使你很快地穩定驚慌失措的情緒，然後鼓足勇氣，捫心自問，我是否已失掉度過難關的信心了？多去思考諸如此類的問題是冷靜應變的首要訣竅。另外要認知到不幸和煩惱並不是不可避免的，也許是自己鑽牛角尖，無端地把自己與煩惱綁在一起，折磨自己。

　　科學研究顯示，「入定狀態」能使那些由於過度緊張、興奮引起的腦細胞機能紊亂得以恢復正常，你若處於驚慌失措心煩意亂的狀態，就別指望能用理性思考問題，因為任何恐慌都會使歪曲的事實和虛構的想像乘隙而入，使你無法根據實際情況作出正確的判斷。當你平靜下來，再看不幸和煩惱時，你也許會覺得它實際上並沒有什麼了不起，正視自己和現實就會發現，所有的恐怖與煩惱只是你的感覺和想像，並不一定是事實的全部，實際情形往往總比你想像的好得多，人所陷於的困境往往來源於自身，對自己和現實有全面且正確的理解，是在突變面前保持情緒穩定的前

提之一。當你處於困境時，被暴怒、恐懼、嫉妒、怨恨等失常情緒所包圍時，不僅要壓制他們，更重要的是千萬不可感情用事，隨意做出決定，要多想想別人能度過難關，我為什麼不能冷靜應變，調動自己的巨大潛能去應付突變呢？

大量的實驗證明，平衡的心理是任何一個面臨突變，但卻不被突變所擊垮的人必備的心理素養，要學會自我寬容，人世間沒有無所不能的人，人外有人，天外有天，企求事事精通、樣樣如意只會促使自己失去心理的平靜。所以應先了解你可以穩操勝券的事情，並集中精力去完成它，你定會因此而感到莫大的喜悅。不要怕工作中的缺點和失誤，成就總是在經歷風險和失誤的自然過程中才能獲得，懂得這一事實，不僅能確保你自己的心理平衡，而且還能使你自己更快地向成功的目標挺進。不要對他人抱過高的期望，百般挑剔，希望別人的語言和行動都要符合自己的心願，投自己所好，是不可能的，那只會使你自尋煩惱，有時要迴避煩惱去做一些力所能及的事，並以此為榮，以此為樂，這是保持心理平衡的重要一環。

心情舒暢是冷靜應變的前提，也是它的結果。但在不幸和煩惱面前，怎麼樣才能使身心舒暢呢？行之有效的辦法不外乎是：盡情地從事自己的本職工作和培養廣泛的業餘愛好，暫時忘卻一切，盡情享受娛樂的快感。只要你多給人們以真誠的愛和關心，用讚賞的心情和善意的言行對待身邊的人和事，你就會得到同樣的回報，要學會寬恕那些曾經傷害過你的人，別對過去的事耿耿於懷。寬恕，能幫助我們彌合心靈的創傷，相信自己的情感，千萬不要言不由衷，行不由己，任何勉強、壓抑和扭曲自己情感的做法只能加劇自己的苦惱。

● 為自己的心找一個家

　　一雙鞋，能走過幾條街？一輩子，能擁有幾次少年？

　　路，一步步跨出，收不回來，也沒有理由。生而為人，總要走上一條路，是煙籠十里還是夾岸楊柳，總是自己的風景。從落地到學步，從不曾真的停止，一道道階梯，一段段上坡下坡，走久了，走順了，也許只是未經風雪 ── 未知，仍然橫在眼前。

　　如果要省事，低著頭可以順著人潮抵達目的地；可是，有沒有半點不甘？走走走，我們小手拉小手 ── 如果別人甩下你走到前面去呢？如果你某一年某一夜，突然發現自己根本不想到那裡去？你要不要找一程新的路標、一張自己的地圖？

　　但走自己的路真的困難，也許一片漆黑沒有盡頭；也許需要披荊斬棘的百倍信心。舉目四望，誰能幫助自己？有沒有知音？興奮、緊張、彷徨，盡是路上心情。不管速度與方向，不管行囊與期望，腳步依然不停，走向未知，走向浩瀚。

　　遠遠地，看到什麼？一堵牆，高大堅厚，擋住去向。怎麼會有牆？為什麼要有牆？是安全還是屏障？是美的界線還是醜的籬笆？是阻止裡邊的人出來，還是防止外邊的進去？不同的牆，有的森嚴，有的斑駁，有的高聳，有的輕易可翻越。高度不同，給人的風景不同；寬度不同，防範人的程度不同 ── 人心，是如此多樣豐富。

　　你在這裡，又是帶著怎麼樣的心情？你準備了多少「宗廟之美、百官之富」，讓別人留連？還是只想像孩子一般，好奇窺看別人的家園？窺看並不壞，想像力與學習力從這裡萌芽，但你能嬉耍到何時？一次兩次，當別人在牆頭插起玻璃片、架上鐵絲網，你是不要就束手無策地離開？

　　再走吧！上路找新路，找新的途徑可以讓自己走進去，避開鐵絲網和玻璃片。一扇扇門，打開又關起，一張張臉，探出又閃入。多少張枯槁不快樂的臉，在風中自生自滅，多少冷漠的門，鎖住一生一世。

　　你想敲門？不怕狼犬、冷眼或嬌嗔？文明的時代，為什麼還有這許多猜忌和白眼？是社會太富裕，還是太疲憊？敲門的姿勢很悲傷，向人索求有點廉價。

　　還是自己打一把鑰匙？樸素但屬於自己的鑰匙。一把可以與一扇門相契的鑰匙。拿著它就有了目標，去找一扇門吧！不管是雕花大門或是木扉，人世蒼茫，但求有緣。

　　找到了門，等一下，在進去的前一刻，再問自己：有沒有心？後不後悔？別誤打誤撞，否則裡面沒有你的筵席。

　　假設你做了決定，安心進屋來，卸下行李，卻覺得少了些什麼？少了些使自己呼吸更順暢、視線更敞亮的東西——對了，一扇窗！一扇向全世界打招呼的窗。開扇窗吧！讓天風刷進來，灰塵飄進來，市聲溢進來，讓這間屋子活生生地，而又真真實實，讓我們同時擁抱汙穢的泥土和崇高的希望，讓路過的人，白天獲得一杯茶，夜晚，看到溫暖的燈光。

　　你開始美化你的家，放一段音樂，掛一幅畫，打掃內在，讓它煥發。積極是一種趣味，學習是遊戲，每個人不都該快快樂樂參與？遵守規定，盡心盡力。

　　於是，四方友朋接到你的邀請，享受美食和表演。看！多熱鬧，黑壓壓地擠滿了小屋，熱情升高了溫度。誰說過的：「沒有愛，何以過冬？」

　　油彩再厚，總有卸妝的時候；高潮再美，總有浪靜的時候；朋友再好，也有獨處的時候。你把歡樂、汽球、音符灑向人間，收回來的除了滿足，還有沒有些許虛榮？

送走客人，這又是你的世界。你的優點與缺點，誠實地陳列。你是最初的創作家，一路的雕刻家，最後的鑑賞家。你是唯一的排行榜。看看窗子吧！什麼時候變成鏡子，一面一面，像大地的眼。你多久沒照鏡子了？忙著讓別人豔羨，卻忘了好好看自己一眼？

好長好長的一夜，你看著鏡中容顏，看到它的自私怯懦，也看出它可貴的純潔與良善。看它從漆黑轉為清明，看它從危機裡新生。

背起來時的行李吧！你休息得更久，也經過充電，是上路的時刻。沒有眷戀，紙帶走一把信心的劍。

門開處，又有一條路迎接。它將有多長多曲折，不是你所能預測。該走完的終會走完，該喜悅的就不必哭喪著臉，只因為你來過、愛過，找到了生命的泉源。

一雙鞋，能走過幾條街？一輩子，能擁有幾次少年？

● 生命需要一種寧靜

「要活就要動」這句話被大多數的人奉為至理名言，現代科學也一再證明、提醒我們，運動對於身體健康確實大有益處。其實，任何事務都具有雙重性，依照傳統養生術的說法，幾千年以來，「靜功」才是站在主導的地位，認為靜下來時，可以用自己的心，造一道堅固的屏障，割斷外在的世界，拒絕塵世的紛擾，既可以治療疾病，又可以養生長壽。

《素問‧上古天真論》：「恬淡虛無，真氣從之。精神內守，病安從來。」這是說，一個人如果能做到恬淡虛無，虛極靜篤，其體內精氣就會內持而不耗散，從而使得外邪無可乘之機；外邪不入，人自安泰。《淮南子‧原道訓》：「夫精神氣志者，靜而日充者以壯，躁而日耗者以老。」說明人的精神氣志在靜中能得到修養充實，使身體日漸強壯；反之，躁動

則會耗費生命，使人容易衰老。

　　明代萬全《養生四要》：「心常清靜則神安，神安則精神皆安，以此養生則壽，沒世不殆。」清代曹庭棟的《老老恆言》：「養靜為攝生首務。」古人所說的「靜」，並不是呆若木雞，心如槁木死灰，而是一種「有為的靜」。歷來養靜的方法有很多，但正如《養生四要》所指：「人之學養生，日打坐，日調息，正是主靜功夫。」

　　打坐的方法有很多，最為一般人所知曉的就是盤坐法：上身放鬆，含胸拔背，坐在蒲團或床面上，左右腿膝自然交互盤起，左腳踝放在右腳踝上，或右腳踝放在左腳踝上均可，兩腳心略略朝上。接著右手在下，左手在上，兩手心朝上，右手輕握左手拇指，將兩手舒適地放在小腹丹田前。這樣坐好之後，應微張雙眼使眼睛僅存一線，然後意守丹田，不知身外世界。初學者可閉上雙眼，專心數息，以避免分心。

　　打坐時的呼吸，以細、深、長、勻為好，即吸氣時要細慢的將氣引入丹田，呼時亦應細慢地將氣從丹田呼出。至於時間則可長可短，初練習時，可以坐十五、二十分鐘，待熟悉之後，延長時間。

　　如果覺得打坐不易實行，那麼實施「靜坐」之法也行。這種方法的最大好處是不拘時間地點，沒有一定的坐姿。在靜坐前，應先把身外雜事暫且擱下，穿著寬鬆舒適，從容入坐。坐下後，要使脊椎挺直，頭正身正，使鼻和臍相對成為一條垂直的端線。然後吐故納新，開口吐盡腹中穢濁之氣，吐畢，舌抵上顎，再由口徐徐吸進清氣，這樣三至七次後，把口閉上，舌抵上顎，輕閉雙眼，盡量把呼吸調得既深且細，輕柔適緩即可。

　　不管是打坐還是靜坐，初學者都有兩個共同的困擾，那就是很容易昏昏入睡，和因思緒紊亂不容易一意守住丹田、專心調息。思緒分飛時，應及時再將心拉回，重新數息、調息；快睡著時，則應振作精神。其實無論

是不受外界干擾，或是達到「入定」的境界，都是需要用時間來打造的真功夫。初學者千萬要堅持下去，才能享受到以靜養生的效用。

● 年輕是一種心理感受

有人把年齡分為生理年齡和心理年齡，細想起來是很有道理的。絕大多數人都願意長生不老，但從目前的科學發展角度來看，這仍是一個具有幻想色彩的願望。但是人心理上的青春卻是可以常駐的。在第二次世界大戰期間，麥克阿瑟擔任對日作戰的美軍總司令。據說他一直把一篇名為〈青春〉的短文鑲嵌在鏡框裡，放在辦公桌上，並經常在談話或開會時引用其中的詞句。後來此文在日本廣為流傳，被許多人奉為生活的哲學。松下電器公司的創始人松下幸之助說：「幾十年來，這篇文章始終是我的座右銘。」

70多歲才開始寫作的薩繆爾‧烏爾曼（Samuel Ullman），在作品〈青春〉中這樣寫道：

青春，不是人生旅程中的一段時光，也不是紅顏、朱唇和輕快的腳步，它是心靈中的一種狀態，是頭腦中的一個意念，是理性思考中的創造潛力，是情感活動中的一股勃勃生機，是使人生春意盎然的泉源。

青春，意味著寧願放棄溫馨的享樂去開創生活，意味著具有超越羞澀、怯懦的膽識和勇氣。這樣的人即使到了60歲也並不遜於20歲的年輕人。沒有人僅僅因為時光的流逝而衰老，只有放棄了自己的理想，才會變為真正的老翁。

歲月可以在皮膚上留下皺紋，但若保持熱情，歲月即無法在心靈上刻下痕跡。只有憂慮、恐懼和自卑才會使人佝僂於塵世之上。

　　無論是 60 歲還是 16 歲，每個人的心裡都會蘊含著奇蹟般的力量，都會對進取和競爭懷著孩子般的無窮無盡的渴望。在你我的心靈之中，都擁有一個類似無線電臺的東西，只要能源源不斷地接收來自人類和造物主的美好、希望、歡樂、勇氣和力量的資訊，你就會永遠年輕。

　　無論什麼時候，這無線電臺似的東西一旦坍塌，你的心便會被玩世不恭的寒冰和悲觀絕望的酷雪所覆蓋，哪怕你才只有 20 歲，你也會衰老。但如果這無線電臺似的東西始終聳立於你的心中，捕捉著每一個樂觀向上的電波，那你就會有希望在 80 歲告別人世時依然年輕。

● 簡單

　　很多人小時候，喜歡在自己的頭上、衣服上綁許多漂亮的別卡飾物。唯獨我，僅僅在髮梢束一條髮帶，不理會別人的炫耀，也很少顧及他人的評價。這邊是我對「簡單」最初的理解。

　　後來，空閒的時間少了，壓抑的日子隨即充斥著我的生活。每日每夜地埋首於所謂的「奮鬥」中，期盼把所有力所能及的事情做到完美。然而現實畢竟不同於幻想，付出與收穫也不一定真正地成正比。兩者的差距塑造了我倔強耿直的性格。無奈於這種毫無色彩的日子，漸漸地，我厭倦了，為不公平的所得，以及過於煩瑣的目的，疲倦了，也厭倦了。我寧願看昏庸的日子從眼前流水般逝去，揮霍成了我一如既往的主宰。

　　直到有一天，偶然翻開相冊，一個綁著髮帶的小女孩在對我微笑。心靈最深處掠過一絲顫動，我的回憶，肆意地流淌，來尋找這動人的一幕，多完美的一刻！那時的日子平淡，生活簡單，但我的世界充滿了快樂 —— 至少我還在微笑，然而現在呢？那種簡單純真的日子已和我成為

陌路驛人。我領悟到：自己已經拋棄了雖平淡卻足以回味良久的東西，那就是 —— 簡單。而更可悲的是，我竟然曾經捕捉到它，並曾經讓它成為生命中的主旋律。但終究它還是離我而去 —— 取而代之的是庸俗與盲目。經管我努力地拾起相片上的記憶，但過去的畢竟已成為過去，我的生活已經被悄然地蒙上一層灰色。

回想從前，我曾無數次地從內心深處悔過，恨過。鮮花和掌聲究竟代表什麼？雖然我也是個被盲目崇拜拋棄的人，但是倘使我真正地得到它們，我的微笑又能持續多久？生活被虛榮包裹著，缺少了充實，回首時，免不了心中一陣酸楚，為當初幼稚的追求。平平淡淡並非沒有熱情，它只是多一種淡雅，簡簡單單也不是沒有色彩，它讓人更真更切地體會接觸的每一寸價值 —— 不加修飾地享受自己周圍的一切。縱使理想和現實有差距，但只要用一顆平常心去面對它們，失敗就變成一種動力。古人有云：淡泊明志，寧靜致遠。並不是逃避現實的種種，它只想告戒人們，活著，最重要的是塑造簡單的人生。

我始終相信，簡簡單單，亦是真。

● 幸福的長寬高

計算一個長方體的體積，要分別量出長、寬、高，然後相乘。由此想到人生的幸福，也可以用長、寬、高去衡量。

人的一生，最長也就活個百十來歲，不長也不短。有的人「人生不滿百，常懷千歲憂」，對一切事物都看得很重，哪裡還有心思享受幸福？有的人則對一切事情都漠然處之，「反正天塌下來有高個子頂著」。這兩種態度都是不可取的。人的一生雖然不長，但我們可以盡量用自己的學識、

勤奮，去奮鬥、去爭取幸福，讓自己的一生充滿追求的快樂，從精神上延長了自己的人生。這，何嘗不是一種幸福？這就是所謂的「長」。

所謂「寬」，就是必須知道什麼是自己可得的幸福，才能準確地掌握到幸福的寬度，找到幸福感。作家法蘭茲·卡夫卡（Franz Kafka）在給他的未婚妻的一封信中說，他只想待在一個陰暗、潮溼的地窖盡頭，每天足不出窖，這樣他就會寫出令自己滿意的小說，為自己製造出純淨的氧氣。卡夫卡很清楚自己幸福的寬度，也就是那個地窖的寬度。身為一個性情中人，透過自身的努力，獲得應該得到的，也就心安理得；如果是透過邪門歪道或不正當手段得到的，即使是滿屋的金銀財寶，我想也無法幸福。

所謂「高」，應該是你的能力所能達到的高度，而這個高度，又恰恰可以滿足你的欲望。這裡邊應包含了更多的精神因素。就是要對自己的能力有個正確的評價。自己本來在教師職位上更能發揮自己的才智，偏偏看到別人下海賺了大錢而導致自己心裡不平衡；但若有更高的能力卻棄之不用，也是一種遺憾。

每個人都渴望幸福，但這種渴望應該建立在自己的追求和自己伸手能及的長度之上。否則，由這種渴望所引發的對美好生活的想像，往往會變成對幸福的奢望：即覺得一種生活不可忍受，而另一種生活又不可企及，這種狀態必然導致幸福的失焦。明白了這些，就應該追求自己應得的幸福，而想方設法控制增長的欲望，找到更適合於自己幸福的方式。

● 庸俗人生和夢想人生

庸俗人生 —— 大學畢業，成為終日忙碌的高級白領，清楚地知道未來的樣子，但還是要為了未來奮鬥，財富的累積越來越成為生活的中心，

所謂的事業將整個身心吞噬，連自己的初衷是什麼也都忘掉，還會自豪自己對事業如何地投入甚至會有一種近似錯覺的對事業的喜愛。

夢想人生 —— 很簡單，單純的生活方式，不必為生活而扮演甚至成為其他任何人，常常有平淡真摯的情感生活，嘗試做各種賺不了錢但是很有男子氣概的工作，學各種技術，去人煙稀少的文明之地，對任何事情有自己的看法有不去和任何人爭論，成為只和自己說話的菁英。真正的知己有一個就夠了，最多不超過兩個，而且不能讓對方知道……一切只求適度，永遠追求平和。

矛盾的出現：庸俗和夢想的相互獨立是形式上的，不同的生活方式，不同的生活態度，取決於個人對於青春價值的取捨。不同的取捨導致了不同的圍繞庸俗和圍繞夢想主題的人生階段。

庸俗和夢想的相互統一則是注定無奈宿命的兩難結局。理想生活方式是每個人都嚮往的，但是由於夢想必然距離現實較遠，因此無法透過理想的手段去實現，從而只能以庸俗的累積為跳板，為了達成理想而要犧牲理想，這不是無奈而又辨證的矛盾嗎？

生活就是這樣？……

不錯，有夢想的人生是很幸福的，有夢想而不去追求的人是更加幸福的。

有些人直到三十多歲才明白自己的夢想是什麼，因此感到滿足，同時也懂得了要想長久地幸福就得做個平凡的人，因為夢想，永遠是美麗的海市蜃樓。

● 悟出生活的美

美，這是一個充滿誘惹力的字眼，也令人陶醉，她讓人浮豐收聯翩，她甚至叫人一生追求，樂此不疲。然而，美在何處尋？

有人把美看作一位風采嬌媚的仙子，她與人們若即若離。你尋她時難覓蹤跡，你不在意時她卻在你身邊微笑。難道說，美真的是這般玄妙，這般難以捕捉嗎？其實不然，她就在我們的生活之中。我們之所以時常感覺不到她，並不是因為生活中沒有美，而是因為我們缺少發現，尤其是缺少一雙發現美的眼睛。

當我們摒棄功利，心定神凝，靜觀人生、生活的時候，美就像一群天真爛漫的孩子，從四面八方向你跑來。這時你會產生一種難以言喻的快感，會感覺到一種生命的律動，會發現生活是如此的可愛，會體驗到美不勝收的真正內涵。

美是生活中的客觀事物與我們主觀意識碰撞後迸發出的火花，是一種不帶功利色彩的愉快感覺。她讓人們的心靈得以淨化，趣味得以提升，情感得以宣洩，精神得以滿足。但是，並非任何人，在任何時候、任何場合都能體驗到美，這就需要人們去有意識地訓練自己，從而慢慢地感悟出生活的美來。

在我們的生活中，最美的是人本身。他不僅具有魅力無窮的形體，而且具有豐富多彩的精神世界，與日俱增有一雙創造美的巧手和感受美的心靈。他能按照美的規律、美的理想去塑造自己的社會生活，能走進大自然去領略造物主賜予的花木山水、飛禽走獸。

美說起來有些玄妙，但在我們的現實生活中，她卻是實實在在，具體可感的，只要你稍稍留意，就會發現它們是那樣地充滿韻味，那樣地充滿魅力。有的人很願意在業餘時間炒幾樣菜，炒菜時先按菜譜投料、刀法和

火候等去做，做好後一嘗，口味不理想，以後再做的時候，根據自己的理解和經驗稍作修改，結果其色、香、味俱佳，於是感到很高興。這就是一種樂趣，一種創造後的喜悅。再有，閒假時有的人與小朋友們玩遊戲。當他全身心地投入眼前的情境中去時，就會感到自己很愉快，好像年輕了許多，行動也靈巧了。這個現象是透過模仿或直接參與使得自己心無旁騖，盡情地享受自由、歡樂和蓬勃的生命力。除此之外，當今的人們對服裝和房間布置的興趣也日漸濃厚。服裝時時尚化，從實用走向審美；房間裡所置物品講究其色調的和諧或對比，講究空間的疏密和變化鮮花在普通人家也開始登堂入室……諸如此類，都顯示人們在自覺或不自覺中美化了生活。因此，我感悟美，不妨就從自己的生活開始。

美，的確就蘊藏於我們生活的每一個角落。當你迷惘時，師長的幾句點撥；當你孤獨時，朋友的熱情話語；當你煩惱時，戀人那充滿關愛的微笑；當你失意時，同事們那一雙雙助你重新站起來的手，這同樣也會讓你感到一種美，一種人性的美，社會的美。

美無處不在，而我們要想更充分地擁有，並以此來使我們的生活品質得以昇華，關鍵便在一個「悟」字上。近代學人王國維曾集古人詩句來描繪詞的三種境界：「昨夜西風凋碧樹，望斷天涯路。衣帶漸寬終不悔，為伊消得人憔悴。眾裡尋她千百度，驀然回首，那人卻在燈光闌珊處。」我們感悟生活的美，亦要有此三部曲。這就是說：當你真的想體驗生活之美的時候，就要有一顆平和純淨，但又充滿對美的渴望的心靈，要有一種超越和樂此不疲的心態，這樣再加上偶然機緣的誘發，你就會產生「柳暗花明又一村」的感覺，美便會出現在你的眼前了。

生活之美就像一位妙齡女郎，你愛她、追求她、珍惜她，她就會報你回眸一笑。

● 體驗生活的美

　　生活是美好的，只有被稱為人的這類動物歪曲生活之美。因為人美並未像其他萬物生靈那樣循著天定正途、大自然的引導和真主的啟示生活，而是按其自定法則生活，這些法則乃是其依據惟我主義、狂妄自大和個人好惡所隨意制定的。所以，他常對同類行惡，與異類為敵。

　　或許獸類會為食色而相互殘殺，鳥類會為食色而相互廝咬，但那種殘殺和廝咬只是短暫的行為，既無預謀，亦無所仇，更沒有伴隨其後的罪惡。而人類與之不同，他是平安之中的渾濁，生活之中的灰塵。他有記憶力，所以對往事念念不忘，將仇惡牢記在心；他有洞察力，所以常為自己製造布滿恐懼的未來。他的現在是永無休止、永不消歇的激烈廝殺，他要麼為記憶中昨天的舊恨復仇，要麼為預見中今天的食物而不擇手段地攫取，要麼為想像中明天的恐懼而小心防範。

　　生活是美好的，比之更美好的是生靈，是能夠感受、品嘗、體會到這種美好並以其點綴自身的萬物生靈。鳥美於花園，因為牠懂得如何將花園中的五顏六色妝點到自己的羽毛上，將花園中的樂曲集於自己的囀鳴；獅子美於森林，因為牠能夠使森林的威嚴活生生地體現在自己的威嚴之中，將森林的雍容和莊重體現在牠的雍容和莊重之中；駱駝美於沙漠，因為牠使自己存於大漠之間，使大漠中的山丘為牠的形體，將大漠中的山丘化為牠的形體，將大漠的黃沙描繪在牠的膚色之中；鯨魚美於大海，因為大海是牠生命的一部分，平靜的海水、洶湧的波濤和湍急的水流便是構成牠這部分生命的內涵。

　　彷彿大千世界之中的萬物生靈都在追隨著大自然，受其影響，與其同步共進。只有人類例外。因為他們偏離了上帝在創造他們時為他們確定的

正途，上帝只好專為他們派遣先驅和使者，為他們開辦學校提供經書，但光明怎能照進盲人之眼，雷聲又焉能震動聾子之耳！

生活是美好的，它的美並不局限於某個民族而不惠予另一個民族，亦不局限於某個階層而不惠予另一個階層。它的美是主在上天與下界撒播的藝術靈光。讓我們全身心地去追尋，盡情地去享受吧！凡有聽覺、視覺和感覺的人，都會在每一個景致中發現美，都會在每一個地方感受到美。那些對生活之美視若無睹的人，生活的自然之花在他們身上已然枯萎，他們的感官已然麻木，所以，存在於他們和世間萬物之間的真實和正確的思考紐帶已然斷裂。

美是大自然維護生活、保持生命本質的手段，它以美使離散的東西重新聚合，使離散的生靈重新會聚。同時，美是內心的愉悅，是心靈的光環，是精神的慰藉。誰的感覺和意識中充滿了美，那他便青春永駐，處處是春天！

生活是美好的，美的感受，其表現是歡樂與幸福。你會看到：哪裡籠罩著暮氣與憂傷，那裡的生活便是被疲憊所困擾，被醜惡所蝕化，被邪惡所敗壞。那裡生靈的悟性便會死亡，或者美醜被倒置，善惡被顛倒。大自然之美須由心靈之美去感應，生活的清純須由心靈的清純與之對應。對於那些感覺陰暗、暮氣沉沉的人來說，生活的醇美他們是永遠品嘗不到的。

要成為心靈美的人，方能視萬物皆美，包括原本醜的東西。何時你意識中充滿了美的感覺、美的感受，世界便會在你心中顯得無比美好，苦味在你口中便會變得甘之如飴，苦釀便會在你口中變成玉液瓊漿，你會情不自禁地嚮往去尼羅河、花園島和鄉村一遊，與鳥一起鳴唱，與蝴蝶一起飛舞，與魚一起戲水。你可與富翁們比富有，與他們賽歡樂。你可以自豪地對他們說：「美好產生出來的幸福遠遠超過金錢產生出來的幸福，金錢屬

於你們，你們只能自己享用，而美好則屬於上帝，可把它施與眾人！」

生活是美好的，生活之子啊！你是這美好的繼承者，你為何將頭扭向別處，對它視而不見，將忌妒和仇視的目光投向那些生活奢侈的人們？他們終日沉湎於享樂，或上山行獵，或雪地溜冰，或水中浮游。君不見，開羅市區和郊外，有著不可勝數的天然美景，向生靈撒播著無限的享受，這些美景和享受足以遏止你對富有的嫉恨，足以平緩你對生活的忿怒。美麗的尼羅河在它神奇的兩岸平添了許多嬌美。有誰能阻止平民百姓在尼羅河中泛舟蕩槳，有誰能阻止他們乘舟劈浪戲水，又有誰能阻止在尼羅河兩岸舉行各種比賽盛會和娛樂集會？隨意在早晚時分在尼羅河岸邊倘佯，都能感受到在籠罩著岸邊和水中的無邊靜謐之中，尼羅河彷彿在人煙罕至的曠野上奔流。我們生活中的懶惰、軟弱、氣餒以及沮喪等諸般不快的陰影統統拋到了尼羅河中和花園島上，從而使尼羅河像沼澤一般停止流動，使得花園島像墓地一般靜寂。所以，你看到人們默默垂首徜徉於尼羅河岸邊或花園島的花叢間，彷彿是在默默地注視或靜靜地反思！

● 用算術核算你的人生

人生是一種自我經營過程。要經營就要運算，人生是離不開加減乘除的。

人生必須用加法

人生在世，總是要追求一些東西，追求什麼是人的自由，所謂人各有志，只要不違法，手段正當，不損害別人，符合道德倫理，追求任何東西都是合理的。比如，有的人勤奮工作，努力奮鬥為的是升遷；有的人吃盡苦頭，為的是增加手中的財富；有的人「頭懸梁、錐刺股」發奮讀書是為

了增加知識；有的人刻苦研究藝術，為的是增加自己的品味；有的人全身心投入到社會實踐中，為的是增加才能；有的人……人生的加法，使人生更富有、更豐富多彩。一個進步的社會應該鼓勵個人用自己的雙手，增加人生的價值和內涵，使人生物質世界和精神世界都更加富有和充實。加法人生的原則是提倡公平競爭，不論在物質財富上還是在精神財富上勝出者，都應給予鼓勵。加法人生是一種積極的人生。

人生必須用減法

人生是對立統一體。哲人說人生如車，其載重量有限，超負荷運行促使人生走向其反面。人的生命有限，而欲望無限。我們要學會辨證看待人生，看待得失，用減法減去人生過重的負擔。否則，負擔太重，人生不堪重負，結果往往事與願違。人生應有所為，有所不為。喬治·華盛頓是美國的開國之父，他在第二屆總統任期屆滿時，全國「勸進」之聲四起，但他以無比堅決的意志堅持卸任，完成了人生的一次具有重要意義的減法，至今美國人民仍自豪於華盛頓為美國建立的制度。他們的人生哲學值得我們去學習和思考。

人生必須用乘法

人生的成功與否，與個人努力有關，更與機遇有關。哲人說，人生的道路儘管很漫長，但要緊處就那麼幾步。對於人生而言，奮鬥固然重要，但能否抓住機遇也是十分關鍵的。在人生的關鍵時刻，一次努力能抵得上平時幾次、幾十次的努力，一年的奮爭能抵得上幾年甚至十幾年的、幾十年的奮爭。從這一意義上講，在關鍵時刻掌握住人生就實現了人生的乘法。比爾蓋茲在人生關鍵時刻選擇了微軟，這一選擇為他日後的輝煌奠定

了基礎，假如他當初不選擇這一行，他完全可能變成一個普通的人。魯迅當初是學醫的，假如他不改行從事文學創作，他可能成為一名普通的醫生，也就沒有成為文學巨匠的魯迅了。人在關鍵時刻，常要勇氣、認真和耐心，將要前往的道路確定了，奮鬥才會有應有的回報，人生的光環隨之而來。

人生必須用除法

有人曾寫下一個著名的幸福公式，幸福程度＝目標實現值 ÷ 目標期望值。也就是說，在目標實現值固定的前提下，目標期望值越高，幸福程度越低，而期望值越低，幸福程度越高。我們平時所說的「知足者常樂」也包含這種意思。依我看，人生不能寄期望值過高，建立理想是必要的，但建立的理想過於遠大，超出了自己的自身能力和條件，那是十分有害的，這樣容易造成人生的目標期望值和實現值反差太大，使人產生自卑感、失落感。去年暑期，我的鄰居家的孩子以較高的分數考取了一所國立大學，出人意料的是此學生大哭一場，此後一直悶悶不樂，原來他的奮鬥目標是考取第一志願，但此目標沒實現，從而陷入了極度的痛苦之中。看來，人生的除法法則確實在發揮作用，人生的期望值太高，很容易對人產生傷害。

與建立人生遠大目標而言，人生建立「近小」目標也是有其現實意義和科學因素的，這就是人生除法對我們的啟示。

● 心房亦須常「打掃」

臉要經常洗，地要經常掃，心房何嘗不要經常「打掃」呢？

「人生不如意者十之八九」，一天和朋友聊天，他悶悶不樂、感慨萬

千：國家考試，碰上「史無前例」；工作，機遇無緣，薪資不高，在「岸上」總覺得沒有施展才能的機會，「下海」後，因年事已高又感到力不從心……總認為這一輩子過得不順遂。

細想起來，他始終是在憂憂戚戚中困擾自己。其實大可不必如此。生不帶來，死不帶走，何苦思考許多？輝煌燦爛固然是一種幸運，一帆風順也自然使人開心。但無名乏利者也不必憂心忡忡，怨天尤人。人生苦短，每人都會有得意、失意的時候，世上沒有一條直路和平坦的路，又何必痴求事事如意呢？如若煩憂相加、困擾接踵，對心身只能有害無益。應該保持心靜如水、樂觀豁達，讓一切順風而來，又順風而去，且須從心底經常及時剔除，心房常常「打掃」，方能保持清新亮堂。正如我們每天打掃衛生一樣，該丟的丟，該留的留。

當然，要掃去心靈的塵垢，並非易事，需要一個艱難而痛苦的過程，但只要正視現實，淡泊名利，心靈自然會釋然，繼而做到胸襟開闊，積極向上，在人生之路上走得瀟灑。

● 善待自己

我到醫院去探望一個當了多年記者的朋友。她和我年齡相仿，發現患了胃癌，就已經到了無法醫治的末期。胃病是現代的文明病。我以前也患過相當嚴重的胃潰瘍，飲食失當、情緒不好時，馬上就會發作。可是近些年來我的胃病已經徹底好了，而她卻落到了今天這個下場。仔細想來，我必須感謝我的女兒。女兒已經就讀高三。有一個課業壓力沉重的女兒，我必須一絲不苟地操持一日三餐 —— 每天煮一鍋好湯，每餐煮三道色香味俱全的菜。我無暇倦怠。我只知道必須讓成天在考卷考題裡大戰的女兒一

坐下來就能有食慾。週末，我們也許會出去吃一頓美食，換一種情調享受，或者溫兩杯黃酒、沏一壺好茶在家裡坐而論道，藉此忘掉一週的疲勞。而我那位記者朋友，離婚時兒子判給了他的父親。我想她從此再也沒有為自己認真地做過一餐飯了。女人就是這樣，做飯做菜，都是為別人。偶爾我的女兒不在家，我也是省略一切烹炒，剩飯剩菜倒在一起隨便熱熱，邊看書邊狼吞虎嚥。假如我沒有女兒，我也會成為一個潦倒的女人，一個不懂得愛惜自己的女人。我對朋友說，病好以後，一定要好好專心地疼愛自己。她答應了。但她哪裡還有糾錯的機會呢？看到她病榻周圍的鮮花，我心裡不禁又是一痛。我又要感謝我的女兒了。春天，她會勸我和她去放風箏；秋天，她會陪我去看月亮。由於她的堅持，我們家裡一年四季不斷地用清水供養著鮮花 —— 女兒教會我為自己獻花，而這種熱情要常保不衰。一個真正活得好的人，必是懂得善待自己，而不去期望別人善待的人。善待並不是自私和自戀，買一束花、做一頓好飯菜、看一場好電影，讓自己擁有平常人應該擁有的人生，難道不是理所當然的事嗎？女兒一旦考上大學，她也就要離我而去。我們已經說定，即使她不在家，我也依然要好好地享用一日三餐，依然要讓我們花瓶裡的鮮花常開不謝。我相信當人看重自己的時候，自己就是值得鍾愛的一件事物。人生很長，也可能就在瞬息劃上句點。我們沒有理由把生命浪拋虛擲。對於 40 歲的女人來說，該盡的義務也都盡過了，剩下的，就應該是學習如何善待自己。

● 量力選擇需求

　　每一個人都有各式各樣的需求。需求是人對生理和社會的要求的反應。需求使人產生動機，動機引起人的行為。

　　人的需求、動機和行為，受到諸多因素的制約。人們總是努力克服種種困難，透過奮鬥來滿足需求。然而，人們滿足需求的過程中，有可能受到各種因素的干擾和阻礙。有時，雖然經各方面的努力，需求仍然得不到滿足，遭受挫折。如果當事人對挫折的容忍力低，就可能產生煩惱、焦慮、憂鬱、沮喪、憂傷等消極的情緒體驗，以致心理行為偏離正常。嚴重者，可導致身心疾病。因此，要使自己的需求得到滿足，不受挫折或少受挫折，至關重要的是根據自己的智商、能力強弱、生理條件、現實社會的需求等因素，正確做好個人需求的選擇。

★ **要量力而行**：從眾多的需求中選一個認為最有實質意義的，經過自己的努力和奮鬥能夠滿足的需求。同時，讓其他需求暫時讓位，服從於主要需求並努力去實現。如果我們選擇的主要需求不切合實際，容易遭受挫折的體驗，產生失望、痛苦、憂傷、追悔和巨大的心理壓力，對心身健康有害。

★ **將需求分解**：當自己的某一需求得到相對的滿足以後，就會產生新的需求。如果滿足新的需求的難度較大，最好將其分解為若干個小目標，容易在努力中一步一步地得到解決的滿足。這樣，使人在滿足需求的過程中心情舒暢，精神愉快，獲得成功的體驗和喜悅。對奮發向上的人來說，是種肯定和鼓勵，從而增強滿足下個小目標的信心，使整體目標逐步得以實現。

★ **正確選擇滿足需求的行為方式**：同一種需求，滿足的行為方式因人而異。如為了滿足尊重的需求，有的人以自己優良的品格和卓越的成就去贏得人們的讚譽，以尊重他人的行為獲得對萬的尊重；也有人不擇手段地追名逐利，玩弄手腕騙取榮譽或以稱王稱霸、恣意橫行去得

到別人的「尊重」。前一種人道德修養和心理特質較好。即使受到挫折，也會理智地把挫折看成是對他的一次考驗。後一種人就不同了，他們道德修養差，心理不健康，一旦遭受挫折，就可能被挫折引起的消極情緒所困擾，滿腔憤怒、暴跳如雷，牢騷滿腹，或遷怒於他人、團體和社會，甚至產生報復心理，這對他們的心身健康及對社會都將帶來危害。

● 自我解嘲 ── 一種心理防衛的方式

「百年人生，逆境十之八九」。在人生的旅途上，並非都是鋪滿鮮花的坦途，反而要常常與不如意的事情結伴而行。諸如考試落榜、工作解聘、官職被免、疾病纏身、情場失意等，常常會使人憤憤不平，嘆息不止，產生強烈的失落感。有的人甚至一蹶不振，情緒低沉，心情憂鬱，精神反常，心理上長期處於沮喪、懊悔、消沉、苦悶、憂傷的狀態，不但影響工作情緒和生活品質，而且有害於身心健康。實際上許多不如意的事，並非由於自己有什麼過錯，有時是自己力量所不及，有時是客觀條件不允許，有時是「運氣不佳」，有時甚至純屬天災人禍。在這種情況下，如果面對現實，及時調整心態，「提得起，放得下，想得開」，來點自我解嘲，就能化解矛盾，平衡心理，使自己從苦悶、煩惱、消沉的泥潭中解脫出來，情緒「由陰轉晴」。

所謂自我解嘲，就是當自己的需求無法得到滿足產生不良情緒時，為了消除或減輕內心的苦悶和煩惱，刻意醜化得不到的東西，編造一些「理由」，以此進行自我安慰，求得心理平衡，以防思想和行為出現偏差。如同寓言中所說的那隻狐狸，曾經挖空心思、千方百計要得到高牆上那串葡

萄，可是最終還是未能如願。於是便轉身邊走邊安慰自己：「那串葡萄一定是酸的！」在得不到甜葡萄的情況下，只得吃酸檸檬卻硬說檸檬是甜的，刻意美化得到的東西。這看起來有點「可笑」，實際上卻是一種有效的心理防衛方式。可以幫助自己鬆動一下既定的可望而不可即的追求目標，使自己失望、不滿的情緒得到平衡和緩解，把自己鍛鍊得更加成熟和堅強。

「謀事在人，成事在天」。客觀規律不以人的主觀意志為轉移。現實生活中的「不如意」之事，是一種無法改變的客觀存在。與其固執己見，「鑽牛角尖」，不如放鬆一下繃得過緊的神經，來點自我解嘲。譬如，戀人與你分了手，破鏡已無法重圓，與其在那裡苦苦相思，熱臉貼冷屁股，自己折磨自己，莫如調整一下心態：強摘的瓜不甜，天涯處處有芳草，何苦在一棵樹上吊死？再如機關精減、人員分流，這也不必煩惱，你恰好可以此為契機，重新設計自己，說不定能找到更能發揮特長的最佳位置，重新蕩起生活之舟，如魚得水地駛向理想的彼岸。

自我解嘲是人們心理防衛的一種方式，是生活的藝術，是一種自我安慰和自我幫助，也是對人生挫折和逆境的一種積極、樂觀的態度。自我解嘲並非逆來順受，不思進取，而是隨遇而安，放棄可望而不可即的目標，重新設計自己，追求新的目標。一個人要做到自我解嘲，重要的是要有一顆平常心，不為名利所累，不為世俗所擾，不以物喜，不以己悲。這不是很容易就能做到的。只有建立了正確的人生觀、價值觀，對名利地位、物質待遇等等採取超然物外的態度，才能心懷坦蕩，樂觀豁達，才談得到自我解嘲，精神上才能輕鬆起來，才能活得瀟灑自在、美好充實。

● 生活中應該多一點熱情

著名大提琴家帕烏‧卡薩爾斯（Pau Casals）當年已 90 高齡，還是每天堅持練琴 4～5 小時，當樂聲不斷地從他的指間流出時，他的俯曲的雙肩又變得挺直了，他的疲乏的雙眼又充滿了歡樂。

人們有了熱情，就能把額外的工作視作機遇，就能把陌生人變成朋友；就能真誠地寬容別人；就能愛上自己的工作，不論他是什麼頭銜，或有多少權力和報酬。人們有了熱情，就能充分利用餘暇來完成自己的興趣愛好，如一位主管可成為出色的畫家，一個普通職員也可成為一名優秀的手工藝者。

人們有了熱情，就會變得心胸寬廣，拋棄怨恨，就會變得輕鬆愉快，甚至忘記病痛，當然還將消除心靈上的一切皺紋。

● 快樂何必無窮大

從人的心理角度看，人的生命其實是存在於連續不斷的情緒之中，甚至於在睡眠時，潛意識裡的情緒也依然在螃蟹吐泡般地生滅著。因此，有人提出，快樂便是幸福，無可厚非。快樂無價。快樂是人的心理情緒中的黃金。笑一笑，十年少（「少年」之「少」）。笑口常開，安康福泰。追求快樂，享受快樂，是天賦人權。

但是，人對快樂的追求，是否有必要推至無窮大的地步？無數前人、旁人的車鑑，都昭示著我們，樂極生悲，縱歡致禍，倘若一個人除了快樂而沒有了其餘的情緒，那他要麼是傻子，要麼是瘋子，在那種情況下一味笑笑笑，至少會導致十年少（「減少」健康生命的「少」）。我們常在文章裡看到「打破心頭五味瓶」的說法。

生命的軀殼，就其所裝載的心理情緒而言，確實很像一個「五味瓶」。哪五味？酸、甜、苦、辣、鹹。這是以味覺打比方，直接說情緒，則是喜、怒、哀、樂、怨。其實，「五味」的「五」，是言其多的意思，人的心理情緒，豈止五種而已。我們常用的詞彙裡，把人生際遇和心理情緒合起來說的很多：悲歡離合、愛恨情仇、苦樂憂喜、愁怨嗔怒、愉悅舒暢、生死歌哭……一個健康的生命，他的心理情緒應該是「五味俱全」而又不會「打破瓶子」。難道只保留一味——快樂，或者只保留一類——喜、樂、悅、暢，不是更好嗎？

我認為那並不好，因為，人活在世上，應該有正義感，而正義常常是與對貪汙腐敗、邪惡墮落的憤怒、鄙夷、痛心等情緒連繫在一起的；一個人如果只知自己快樂，而罔顧他人的不幸，對自己所置身的團體漠不關心，那就不是一個健康美麗的好「瓶子」。以上是從大方向說。

從小處，自己對自己，毫無愧悔內疚，不能體會懷舊的苦澀，無法醞釀出淡淡的哀愁，不知離別或邂逅時的心酸，缺乏清夜獨處時的孤寂……那麼，人生很難說是完整的，而沒有全方位的人生體驗，人生滋味不全，也就很難說獲得了多大的幸福。人這個「瓶子」裡的「五味」情緒，不應該是均等的，更不應該也不可能僅在那裡不波動不翻騰，不互相滲透乃至轉化。人的心理情緒的健康，其實也就是把「人生五味」調和得恰到好處的一種狀態。這種狀態的表現，常常是快樂，特別是「知足常樂」，但也不儘然，也可能是「難得糊塗」，也可能是「為什麼我的眼裡常含淚水？因為我對這土地愛得深沉」，還可能是「時光慣會把人拋，紅了櫻桃，綠了芭蕉」式的喟嘆，或者是對「同桌的你」的惆悵詠唱……

總之，快樂是幸福的必需品，但快樂何必無窮大，因為幸福的滋味不僅僅是快樂。一位富翁剛從美國拉斯維加斯豪賭回來，便到高級俱樂部約

朋友先吃鮑翅燕窩，又在夜總會看巴黎「紅磨坊」式的豔舞，然後泡藥浴、洗桑拿，再全身泰式按摩，接著吃港式宵夜，凌晨才駕著名車回到他郊區的豪宅，天亮時，人們發現他淹死在宅後的游泳池裡了 —— 經警方調查並非他殺，是否自殺呢？難以判斷。而當他尚未火化時，與他有關係的一群人已經在為分割其財產而撕破臉爭鬥了。他彷彿一隻氣球，把裡面的快樂氣體膨脹到一定的程度後，就陡然崩潰了。這究竟是快樂死，還是痛苦死？

相比之下，小康人家、知足人士的快樂，比較扎實，也容易持久。那快樂基本上屬於「瑣碎的生活小樂趣」，比如全家人共食一顆剛熟的大西瓜。能把自己的心理情緒控制得恰到好處，該在什麼情況下嚴肅沉重，該在什麼情況下輕鬆幽默，融入性情，順其自然，那狀態才是真正的幸福吧！

● 如何擁有好心情

當你認為克服惡劣情緒是件很難的事時，除了傾訴或吞服幾片鎮靜劑外，還有更見效的方法向您推薦 —— 運動 —— 美國專家發現，運動在人體內引起的生理變化對人的精神狀態會產生有益的影響。晨跑、騎車、競走、游泳是最佳的方式，它們能提升心血管功能，改善循環。健身操、韻律操也是卓有成效的手段。

★ **音樂**：用音樂輔助治療的醫師經常會建議病人首先選擇與他們心情相吻合的樂曲，然後漸漸改變旋律使心情也隨之變化。

★ **飲食**：富含糖分的食物具有類似鎮靜劑的功能，美國心理學家證實，糖分能透過腦細胞刺激使機體趨向平和寧靜的狀態。

★ **照明**：眾所周知，一些人患有被稱作「季節性情感障礙」的冬季憂鬱，主要是光線不足。因為標準的燈泡所提供的日常光線，僅僅相當於晴天在樹蔭裡所接受太陽光的 1/10。如果冬季憂鬱症患者每天能確保 2 ～ 3 小時的充足人工照明，那麼他的情緒一定會得到改善。其實，關鍵還在於你對生活的理解，正所謂「退一步，海闊天空」。

● 健康情緒是生命的基石

情緒是人對客觀事物態度的體驗，人的情緒與肌體的健康有著極其重要的關係。良好的情緒是人的精神與軀體健康的前提。反之，消極和不愉快的情緒促使人的心理活動失衡，導致精神活動失調，對肌體健康產生十分不利的影響。

有位大學生，大學期間各科成績都名列前茅，畢業後被公司外派到一個偏遠閉塞的鄉下。從夢想的伊甸園，進入平庸、繁瑣的現實，他覺得像從天堂掉進了地獄。為了改變自己的命運，他把全部的希望都寄託在研究所考試上，並將這看成他生活的唯一出路。但是，由於諸多的煩惱與困擾，他名落孫山了。為了自己的前途，憑藉著強大的意志一次又一次捧起書本，卻因極度的煩惱而毫無成效。第三次失敗之後，他停止了努力。悲哀、苦惱、絕望將他緊緊地包圍，他開始天天喝酒買醉，不再上班，精神已經徹底地崩潰了。短短的四年，竟成了一生的終結。

可見，煩惱雖然只是一種情緒，但卻具有強大的破壞力，一旦我們沾染上它，並主動放棄努力，它就會像操控木偶一樣指揮著我們，使我們生活在痛苦之中。人在煩惱時，可能會導致使意志變得薄弱，判斷力、理解力降低，甚至理性和自制力喪失，造成正常行為瓦解。煩惱不僅使我們的心靈飽受煎熬，同時它還會摧毀我們的肌體。流行病學的研究成果顯示，

緊張的生活事件如戰爭、遷居到不同社會文化和地理環境中、生活方式和社會地位的改變等原因，使高血壓、潰瘍病等身心疾病的發病率明顯增加。有人研究發現，喪偶六個月的婦女，其冠心病的發病率為正常婦女的6倍。把兩隻同窩的羊羔放在溫溼度、陽光、食物相同的條件下生活，僅在其中一隻羊羔旁拴著一隻狼，讓牠總能看見狼，結果這隻羊羔在極度恐懼中，不思進食，逐漸消瘦而死，而另一隻羊羔則健康地生長。

那麼，應該如何摒棄煩惱、保持健康的情緒呢？我以為可以從以下幾方面入手：

★ **培養幽默感**：幽默感是有助於一個人適應社會的工具。當一個人發現不協調現象時，一方面要能客觀地面對現實，同時又要不使自己陷於激動的狀態，最好的辦法是以幽默的態度應對，往往可以使本來緊張的情緒變得比較輕鬆，使一個窘迫的場面在笑語中消逝。幽默是人們的一種心理行為，學會幽默可以減輕心理上的挫折感，求得內心的安寧。幽默還是一種自我保護方法，對心理治療的施行特別有幫助。幽默感強的人，其體內新陳代謝旺盛，抗病能力強，可以延緩衰老。

★ **增加愉快生活的體驗**：每一個人的生活中包含有各種喜怒哀樂的生活體驗，可以多回憶積極向上、愉快的生活體驗，有助於克服不良情緒。

★ **使情緒獲得適當表現的機會**：人在情緒不安與焦慮時，不妨找好朋友說說，或找心理醫生去諮詢，甚至可以一個人面對牆壁傾訴胸中的鬱悶，把想說的說出來，心情就會平靜許多。

★ **行動轉移法**：克服某些長期不良情緒有多種方法，常用的是用新的工作、新的行動，去轉移不良情緒的干擾。貝多芬曾用從軍來克服失戀的痛苦，不妨是一種好的選擇。

● 如何克服煩悶的情緒

煩悶是現代人帶普遍性的一種「常見情緒」。在這種心境下，人好像對自己所能發出的一切行為都不能認定其積極的意義所在，因而表現出時而想做這個，時而又想做那個，時而什麼都想做，時而又什麼都不想做的人生無序狀態，以致總有一種茫然的感覺。所以，產生煩悶的最直接因素通常有兩個：不知道自己該去做什麼，或者不知道自己所做的事是否值得。

美國芝加哥大學的一項研究顯示，工作最容易令人開心。這是因為工作本身雖然常常不能直接給人以樂趣，但工作的性質卻使人們要面對或參與一種具有挑戰性並帶有技能與技巧的活動，於是它便能給人帶來無窮的樂趣。所以要想從根本上消除煩悶的情緒就必須從自己的工作著手，在其中傾注自己的熱情、責任心與智慧，使之變成一種對自己充滿挑戰性與刺激性的活動。

當然，也很有可能有不少人目前所從事的工作僅需使用自己部分的智力、精力或能力。當人的才智越是超出了工作的需求，他就越會感到煩悶。在這種情況下，人們也不是無所作為的。你還可以設法把自己的能力與工作要求相符，或者乾脆改換部門去做更適合自己的工作。總之，人必須透過從事自己所熱愛的工作來發現、證明、創造自己，使之充分動用自己的心智、擴展自己的潛能，才能最有效地消除煩悶的情緒。

同樣的，在業餘生活中要把自己的業餘愛好及活動當做本職工作一樣來對待。現在有不少人，業餘生活安排得單調枯燥，回家後就用看電視、讀小報、閒聊天來消磨時光，久而久之難免會感到乏味無聊。因為人們不能總是從旁觀別人的生活中獲得樂趣，那樣的話他必將喪失生活的投入感

與參與感,其結果往往是別人生活得越輝煌燦爛,就越覺得自己生活得渺小空虛。所以在業餘生活中,人們同樣應該具有一種積極的、創造性的和挑戰性的精神,使自己的生活過得豐富多彩、妙趣橫生。

● 知足常樂

每當一個人最起碼的願望滿足之後,他必定還要有第二個願望;而且將來還會接著有更多更大的願望。沒有一個人認為他自己的生活中已經不再缺少什麼,儘管假如他退居一個惡劣的生活環境中時,他會嚮往或懷念這種生活;但在他自己置身在值得滿意或甚至於值得豔羨的生活中的時候,他總還是覺得貧乏和不如意。

當然,往好的方面說,由於我們時常不滿意自己的現狀,我們才會拿出更多的智力和體力,去求得更大的進步,我們才會有更多的創造與發明。但是,往壞的方面說,一個人如果只是消極的對生活不滿意,消極的厭倦和抱怨,那就只能說是一種對自己幸運的忘恩負義。因為無論我們是不是認為自己已經夠苦,總還有那些比我們活得更辛苦更沒有意義甚至於看來更沒有希望的人們,而他們卻是在那裡認真的抱著希望的活著。在他們心裡想,如果他們有一天能達到我們現在所過的生活,他們一定要用最大的虔誠去感謝他們所信的不論是什麼神。他們一定會覺得心滿意足,不再會有任何奢望苛求了。

我們每一個人都不免有時厭倦、煩悶和不滿足。逢到這種時候,就是我們把自己設想到一個更沒希望,更辛苦,更困難的境地的時候。

幸福是需要比較的,它沒有止境,沒有標準,而只是看你對它的理解如何,及看你對它如何解釋而已。

● 最美的景色是心情

生活中別忘了時時享受快樂，擁有了快樂就擁有了幸福，每個清晨到每一個黃昏，讓我們時時尋找快樂，時時擁有快樂。

人人都聽過「金錢買不到快樂」這樣的說法，但研究結果顯示，相信的人並不多。除了相信財富增加也不會有額外樂趣的富人之外，多數的人都說多一兩成的錢能使他們更加快活。

社會心理學教授發現，這類期望是錯誤的。一旦人們豐衣足食，擁有食物、衣服、房屋之類基本需求，快樂的泉源就在於有意義的活動和豐富的人際關係等因素，而這大體上都與金錢無關。

密西根大學的一項調查發現，無形的財富比有形的財富更重要。教授說：「快樂並不是擁有更多，而是懂得享受你已經擁有的。」跟金錢一樣，年齡、性別、種族和教育都不是快樂的關鍵。

下面幾種方法可以改善你的生活素養：

★ **設法喜歡自己**：研究顯示，怡然自得的人更能承受人生中不可避免的挫折和鬥爭。

密西根大學對美國人的幸福觀所進行的調查，突出了健康的自尊心的重要：對人生的最大滿足感，不是對家庭生活、友誼或收入滿足，而是對自己滿足。

喜歡自己似乎很容易，但如何培養真正健全的自尊心呢？教授說：自尊心源自目前合乎實際的目標。對多數人來說，願望和目標之間總是有差距的，這一差距常引起灰心。只要使願望更符合實際，就更能滿足。

此外，避免與相貌、收入、工作成就、運動技巧等方面比你高出兩級的人比較。人比人會氣死人，有損自尊心。

★ **控制自己的命運**：研究結果指出，認為能夠控制自己生活和對自己滿意的人當中，15%感到很快樂。

★ **對人生充滿希望**：教授說：「快樂的人生充滿希望，無論是在順境和逆境中都抱著積極的態度。」

一般來說，積極的人更健康，更少病痛。樂觀的人即使生病，復原也快。

★ **培養外向性格**：研究人員發現，快樂的人往往是性格外向的人，伊利諾大學在學生畢業 4 年後進行的調查顯示，外向的人比內向的人結婚的機會多，工作上更有成就。

★ **假裝快樂**：對著鏡子，咧嘴而笑，再來幾遍。

實驗證明，裝成快樂經常有效。你最初也許會覺得那是假造的，只要多練習，假造的感覺自然會消失。

教授說，你不能只坐在那裡，等待快樂的感覺出現，反之，你應該站起來，開始學習快樂的人的動作和談吐。他說：「假裝快樂不能在 30 天中把一個內向的人變成一個開心的外向的人，但卻是邁向正確方向的第一步。」

★ **考慮換工作**：勝任愉快的工作能帶來更大的快樂，太花時間或艱難的工作只會引起焦慮和緊張。敬業樂業是快樂的因素之一。教授強調：「適當的工作能產生滿足感。」

★ **睡眠要足夠**：據美國改善睡眠理事會說，每 5 個美國人之中就有 1 個人睡眠不足。失眠的人不會是快樂的人。只有充足的睡眠才有利健康、提高生產力、減少意外。

★ **重視人際關係**：與別人關係良好有利健康。良好的友誼有助傾訴內心的痛苦。沒有知心朋友是很糟糕的。芬蘭的一項調查顯示，喪偶者在

第一個星期內的死亡率倍增。

密切的關係也能提高快樂的層次，孤獨的人肯定會覺得人生毫無意義。

★ **結婚**：成家的人比單身者更快樂。教授說：「美滿的婚姻可以建立起持久密切的關係，而這種關係能產生一種快樂感。」

是快樂帶來婚姻還是婚姻帶來快樂？據教授說，是兩者發生交互作用。快樂的人在社交上比憂鬱的人更有吸引力，因此更容易成家

●「高峰經驗」與心理健康

什麼樣的人心理更健康呢？著名心理學家馬斯洛經過長期研究得出結論：那些最成功的科學家、人類學家、心理學家、書畫家等是心理最健康的人。而且他們經常具有共同的感受：高峰經驗。

「高峰經驗」，是指在日常生活、學習、工作、文藝欣賞或投身於大自然時，感受到一種奇妙、著迷、忘我並與外部世界融為一體的美好感覺。這種使人情緒飽滿、高漲的「高峰經驗」往往難名其狀。馬斯洛認為：那些心理健康的成功者幾乎都有這種「高峰經驗」，而且次數頻繁。他們的成就閾值更高，更有自信心，更少憂鬱等消極情緒，因而他們的心理更健康。

馬斯洛的研究一方面說明了心理健康的人會有更多的「高峰經驗」；另一方面也說明「高峰經驗」中高漲的情緒和美妙的感覺可以更好地癒合心靈創傷，使人振奮向上。這裡所說的「心理更健康」，並非單指「善於適應環境」，而是泛指「更有自主性、更具獨立性」。正像馬斯洛所說：「這些科學家、心理學家、人類學家、書畫家等，他們表面上承認習俗，但實際上對這些習俗是漫不經心的，隨便和超然的，也就是說他們能夠接受這些習俗，又能拋棄它們。這是因為他們能夠全面地、平靜地、幽默地

抵制文化的愚蠢和缺陷，用或大或小的努力來改進它們。他們明顯地表現出與這些缺陷進行對抗的能力。」所以說，心理更健康的人並不是為了適應環境而做八面玲瓏的「應聲蟲」，或者是毫無原則的「和事佬」。心理健康當然應該注重人際關係的協調，但並不意味著沒有合理的對抗；心理健康的人，更有獨立性，他們在必要時會「我行我素」，是有高度「心理自由」的人。

人們都希望自己「身心健康」。怎麼樣才能做到這一點呢？其實這個問題不難回答。當人們達到「身體、心理和社會三者合而為一」的綜合指標時，身心狀態肯定是最健康的。《黃帝內經》中曾有句名言「百病皆生於氣」，是很有哲理的。

人生是美好的，每個人都應該有一個積極、熱情、健康向上的生活態度。具備了這樣的態度，每當你辦成一件成功有益的事情之後，就會享受到一次奇妙無比的「高峰經驗」，就會與外部世界融為一體並產生一種情緒飽滿、難名其狀的振奮心情。心情悅愉了，精神振奮了，心靈的創傷便會癒合。在生活中，不妨對日常瑣事「糊塗」一點，對國家大事關心一點，對內心衝突釋然一點，對人生態度瀟灑一點。

這樣，憂鬱、煩惱就會更少一點，「高峰經驗」才會更多一點；你的心身會因此更加健康，生活也會變得更加幸福。

● 淡泊以明志

名利可以說是個好詞。建功立業，赫赫有名，是人生價值實現的重要展現。但名利在很多時候又成為名韁利索。成名固然需要內功，但外在的偶然因素也往往發揮極大作用，因而難中有易。保持盛名則不一樣，經常的情況是經營一生，毀於一旦。因而有「盛名之下，其實難副」，有「者

易折，者易汙」。說到物質利益，孔子有「富貴於我如浮雲」之說，但「不畏浮雲遮望眼」者幾人？「舊時王謝堂前燕，飛入尋常百姓家。」歷史的變易從來不以人的意志為轉移。

許多人在考驗面前不愧英雄的稱號，但也有一些人，過不了金錢、美色、權力關，賠上了前途以至性命。有人說，酒具有「馬太效應」，「損不足以奉有餘」，可以使快樂者更快樂，憂愁者更憂愁。名利亦然。它可以錦上添花，也可能雪上加霜，區別蓋在承載者的「德、能」情況。特別是品德，在變化中總發揮主導作用，它掌握著名與利對一個人是福是禍的密碼。

道德品格的高尚和卑劣，首要的區別在於如何看待和處理個人與他人、團體、國家的關係。「寧讓我負天下人，不讓天下人負我」，「拔一毛利天下而不為」，是為極端個人主義。名利之於這類人，作用不外是助紂為虐，結果只能是欲益反損。而「先天下之憂而憂，後天下之樂而樂」者，忘我奮鬥，名利不爭，然美名、利益之類則常常會不脛而走，不期而至。

名利作為一種社會評價的結果，對個人是一種責任引導，對社會是一種進取引導。它不應是行為者的出發點，而應是他們履行社會責任的副產品；相反，以個人名利思想作行為引導，著眼於衣錦還鄉，蔭子封妻，在世俗社會人前顯貴，則難免因譽致毀，求榮取辱，人財兩空。

加強修養應首先從無私奉獻、淡泊名利開始。提倡淡泊個人名利，不是提倡「無為」，而是為了弘揚一種奮發進取的偉大精神，用超越功利的境界，作出功在當代、利澤千秋的事業。古訓「淡泊以明志，寧靜以致遠」，正是在這個意義上具有了新時代的內涵。

唐代詩人白居易詩云：「只見火光燒潤屋，不聞風浪覆虛舟。名為公器無多取，利是身災合少求。」他所指的名利當然是個人的名利。歌德筆

下的《浮士德》，魔鬼梅菲斯特（Mephisto）給了他很多頂極的俗世享樂的誘惑，他卻總找不到對生活的滿足感。後來，在帶領人民填海造田的事業中，他才情不自禁地喊出了：「多麼美啊！請停留一下！」超越自我的社會成就使他獲得了人生最美好的感受。由是觀之，淡泊態度與進取精神的統一，平常心與責任感的統一，應該是我們對名利問題的基本觀念。

● 修養心靈

如果你珍愛生命，請你修養自己的心靈。人總有一天會走到生命的終點，金錢散盡，一切都如過眼雲煙，只有精神長存世間，所以人生的追求應該是一種境界。

在紛紛擾擾的世界上，心靈當似高山不動，不能如流水不安。居住在鬧市，在曹雜的環境之中，不必關閉門窗，任它潮起潮落，風起雲湧，我自悠然如局外之人，沒有什麼能破壞心中的沉著。身在紅塵中，而心早已出世，在白雲之上。又何必「入山惟恐不深」呢？關鍵是你的心。

人生不如意者十之八九。面對挫折、苦難，是否能保持一份豁達的情懷，是否能保持一種積極向上的人生態度，這需要博大的胸襟，非凡的氣度。如果你感到痛苦，證明你的心還不曾麻木。其實，生命本身就是一種幸福。在逆境中磨練出你的意志，不必計較一時的成敗得。「風物長宜放眼量」，去追尋長久的精神底蘊。忍受孤獨，在彷徨失意中修養自己的心靈，這就是最大的收穫。如蚌之含砂，在痛苦中孕育著璀璨的明珠。

人生的煩惱來自於非分的欲望，種種誘惑使你心中的明月蒙塵。淡泊名利，寧靜致遠，既不抱怨貧賤又不仇視富貴。而對世俗，不隨波逐流；面對權貴，如雪峰堅守自己的高潔。這是勇敢，也是骨氣，一切都出自本心。

　　心靈是智慧之根，要用知識去澆灌。胸中貯書萬卷，不必人前賣弄。「人不知而不慍，不亦君子乎？」讓知識真正成為心靈的一部分，成為內的涵養，成為包藏宇宙，吞吐天地的大氣魄。只有這樣，才能運籌帷幄之中，決勝千里之外，能有指揮若定的揮揮灑灑。如范仲淹「胸中自有十萬甲兵」，如諸葛孔明悠然撫琴退強兵。

　　修養心靈，不是一件容易的事，要用一生去鑽研。

● 為現在而活

　　你所擁有的只是現在。內心的平靜，工作的成效，都決定於我們要如何活在現在這一刻。不論昨天曾發生過什麼事，也不論明天有什麼即將來臨，你永遠置身「現在」。從這個觀點來看，快樂與滿足的祕訣，就是全心全意集中於現在的每一分、每一秒之上。

　　小孩最可愛的一點，就是他們會完全沉浸於當下。不論是觀察甲蟲、畫畫、堆砌沙堡或從事任何活動，他們都能做到全神貫注。

　　成長的過程中，很多人都會同時思考或擔心好幾件不同的事情。過去的煩惱、未來的憂慮，全都聚集到現在，使我們生活愁慘、效率低落。

　　我們也學會把快樂延後享受，因為我們往往認為未來的情況會比現在好。

　　高中生想道：「有朝一日，我畢了業，不必再聽師長的訓誨，日子就好過了！」他畢業之後，又覺得必須離開家才能找到真正的快樂。離家進入大學後，他又暗下決定：「拿到學位就好了！」好不容易領到畢業證書，這時他卻又發現，快樂要等找到工作才能實現。

　　他找了份工作，從基層做起。一年一年過去了，他不斷把獲得快樂和

心靈平靜的日期往後挪，直到他訂婚、結婚、買房子、換更好的工作、退休……，最後在享受至高無上的快樂之前，他就去世了。他把所有的現在都用於計劃一個永遠沒有實現的美好未來。

你聽了這樣的故事，會覺得心有戚戚焉嗎？你認識一些永遠把快樂留到未來的人嗎？快樂的祕密，說穿了很簡單，你的生活必須以現在為中心，我們要在生命的旅途中享受快樂，而不是把它留到終點才享用。

同樣的，我們也可能拖延與心愛的人共處的機會。美國前幾年做過一項調查，希望了解中產階級父親花多少時間陪伴年幼子女。參與者在衣服上別著麥克風，記錄父親與子女每天溝通的情形。

研究結果顯示：一般中產階級父親花在跟子女好好溝通的時間，每天平均為三十七秒鐘。當然，很多位父親都計劃好好陪他們最心愛的人，只是「等家裡收拾乾淨」、「等工作壓力消除」、「等銀行有更多存款」……。問題是，沒有人有把握一定看得見明天，我們所有的全部就是現在。

活在當下，也就是我們要從現在從事的每件工作本身找到樂趣，而不只是期待它最後的結果。如果你正在粉刷家中陽臺，刷子的每一筆，都該能令你感到愉快，幫助你學習如何做好這份工作。你該享受拂面的清風，聽院中小鳥歌唱，以及周遭的一切。

為了活在現在，我們該擴張自己的感官，體會現在這一刻的種種美妙之處。每一分、每一秒，每個人都可以自由選擇，是否要真正生活在現在，吸收周圍的一切，讓自己受感動、受影響。

生活在現在能消除內心的恐懼。基本上，恐懼是因未來可能發生的事而產生的憂慮，這種憂慮會痲痹我們的心靈，使我們無法從事任何有建設性的工作。

只有在靜滯不動的時候，才會受制於恐懼。當你一開始行動，恐懼就會消褪。活在現在，也就是採取行動而不去擔心後果，為了做一件事而去做它，並不考慮是否能得到應得的報酬。

我們不能否認，任何實際存在的事物，都不可能一下子憑空消失。如果你心中有牽掛，諸如：擔心車子被偷、失業、另一伴離棄你……等，要把心事騰空，恢復平靜，絕非易事。改善心理狀態最有效的方法就是行動、參與。找些事做！隨便什麼都可以。

打電話給老朋友或交個新朋友、去運動、帶孩子去公園玩、幫鄰居整理整理花園或掃一掃街坊吧！

● 愛的境界

朋友的父親在他十幾歲的時候就去世了，母親苦苦地撐著家。到了朋友成家立業的時候，母親也老了。

老太太沒有受過教育，孩子是晚年的唯一希望。她不需要孩子任何東西，只想天天守著他，替他做飯，跟他說話。但朋友的工作忙得一塌糊塗。老太太每次見到我，都忍不住掉淚，一方面心疼孩子，一方面可憐自己。我只能傾聽。能怎麼樣呢？總不能勸說朋友放棄工作吧？

偶然地，我發現朋友不知從何時起，忙的時候回不了家，不忙的時候，也不回家。他的表現看似冷血無情，但我知道他不是。對於我的指責，朋友總是以異樣的眼光看待，從不做回應。

漸漸地，我欣喜地發現，老太太的臉上越來越開朗，獨自在家，卻生活多采多姿。這時候，朋友又如同以前一樣了，有時間就去陪母親，出差時常常打電話，還提醒我去看老太太。當我對老人的變化表示出驚異的時

候，朋友一臉的得意：怎麼樣？

我這時才知道，朋友為了幫助母親走出心裡的困境，苦心設了一個「局」。

我們的愛大多停留在淺表：給予對方需要的。可是人歸根到底是要靠自己的。有句話說：置之死地而後生。有多少人能夠為幫助對方「後生」而想辦法「置之死地」呢？這需要非凡的勇氣，要準備背負一世的罵名，還要忍受看著對方「死而後生」過程的情感煎熬。比起來，「對人好」要容易得多。

愛是有境界之分的。

我們大多數只是凡人，做不到幫人「造血」，但至少不要為曾經給人「輸血」而自得，那畢竟只是初階行為而已。

● 高尚無須證明

高尚，是甩開膽怯的猶豫、困惑的迷茫、誠實地第一次自我曝光，且不作任何表白；高尚，是踏上巔峰不輕狂、跌入低谷不淒涼，矢志不移榮辱不驚的境界；

高尚應是心中湧動的追求，而不應是演說中的自白；高尚可以是寫出來的座右銘，而不可以是自我推銷的廣告詞。

當高尚充溢在自我鑑定裡的時候，不管語言如何委婉，那它透出的虛偽也是露骨的；當高尚也投身於交換的時候，不管付出的代價如何微小，那它喪失的尊嚴也是極昂貴的。人生的履歷再坎坷也是平淡的流水帳，它不容得半點多於的潤色。是英雄，後人自會作出高尚的注解；是庸人，即使在碑文上刻滿高尚，歷史的風雨也會把它剝落得乾乾淨淨。

高尚的思想不是讀不懂的天書，也不是不容疑問的聖經，它是踏向歷史高地的背影留下的啟示，是跋涉於人間滄桑的足跡折射的光輝，是向無助伸出的手、向寒冷釋出的溫暖。

然而高尚無須證明。

高尚的誕生不是為了賭氣，不是為了求證，更不是為了索取。僅是為了摘取某個桂冠，才投入一次艱辛，即使真的享有榮譽了，那它的光彩也定會在並非虔誠的欲望中黯淡，自然，桂冠的魅力也並不能照亮前行的路。僅是為了某次上亮相，才裝飾自己的修養，即使真的在掌聲中撐起了高雅，那麼走下臺後的粗俗一定會把完美打得粉碎，再上臺表演群眾又怎能買帳。

高尚不是精彩一瞬，不是一次性優美的定格，不是為了一次讓人感動的一次付出。

讓高尚站立，那是一生的雕琢。

高尚無須證明。！

● 真正的貴重

貴重是人們想要尋找的一種東西，是很多人奮鬥的最終目標。然而找到的卻很少，正因為有些角度是不對的。

在偉大中找偉大，是永遠不會有結果的，而殊不知真正的偉大深締，包含在極其的平凡之中。平凡和尋常孕育了偉大，這才是人應該為之追求的。

比如現在有些學生在學習中，總是追求「深」，在學習新知識時，總先要把比較難的題當作目標，苦思冥想，最後也想不出答案。殊不知真正

的難題並不和簡單題有多大差別，而是在基礎知識上的擴展，只能在基礎上去發揮自己的「空間」。不顧任何基本實用的知識而去好高騖遠當然是不會有結果的。而一些穩紮穩打的同學往往會得到「事半功倍」的效果。這正是平常中的偉大。在最普通的範圍之內會找到最不平常最寶貴的真諦。

很多平常無奇的事情之中，會有讓人始料不及的真正的奇蹟。有一位體操世界冠軍，在小時侯身體條件並不優越，無法完成一些高難度嚴格的動作。總是刻苦專一的練習幾套基本動作，全心全意地把基本動作練得準確熟練。兩年之後，她的身體條件發展得十分出眾，再練習高難度動作，已經得心應手，乃至最後取得了世界冠軍。這不正是在基礎中尋求的高難度嗎？所以，無論什麼事情，傑出的表現和動作來自於基礎的熟練。

從平凡到偉大，從簡單到複雜，從基礎到高深，都應該是扎實穩定走過來的，應該是從平常中找到的。平常造就偉大，普通孕育輝煌。正如魯迅所說的：「我在平凡中尋找偉大，而不是在偉大中尋找偉大。」

只有無名的追求，沒有有名的成就。要想創造偉大，必須依靠平凡，抓住平凡。

● 給予總是相互的

有一位農民，聽說某地培育出一種新的玉米種子，收成很好，於是千方百計買來一些。他的鄰居們聽說後，紛紛找到他、向他詢問種子的相關情況和出售種子的地方，這位農民害怕大家都種這樣的種子而失去競爭優勢，便拒絕回答，鄰居們沒有辦法，只好繼續種原來的種子。誰知，收穫的時候，這他農民的玉米並沒有取得豐收，跟鄰居家的玉米相比，也強不

到哪裡去。為了尋找原因，農民去請教一位專家、經專家分析，很快查出了玉米減產的原因：他的優種玉米接受了鄰人劣等玉米的花粉。

農民之所以事與願違，是因為他不懂得這樣一個簡單的生活道理：給予總是相互的。我們都不是孤立地存在於社會之中的，我們都必須給予和接受。當付出了同情和友善，你也必將會收穫同情與友善。善待別人其實就是善待自己幫助別人也就是幫助了自己。

● 人生的財富

據說，在瑞士，嬰兒一降生，醫院就會立即打開電腦，透過戶籍網路，在戶籍卡中為孩子登記姓名、性別、出生時間及財產等諸項內容。這裡特別有趣的是，所有的瑞士人在為孩子填寫擁有的財產時，寫的都是「時間」兩字。

其實，上帝是公平的，不論是什麼環境出世的孩子，從降臨人世的那一刻起，上帝都給予了他們同樣多的時間。只不過不同的人對時間各有不同的用法。你可以用時間開發書山墨海，求學淘金，他可以用時間開發空虛無聊，聚賭玩牌；你可以支出自己的時間披星戴月地在田疇揮灑汗水爭奪幾許收成，他可以支出自己的時間在夜店酒吧泡它個昏天黑地，圖個感官刺激；你可以用自己的時間去換取博士學位、科技發明、獎盃桂冠，他可以用自己時間去換取攀附心術，官場權謀，頭頂烏紗……

時間不一定等於財富，也不一定等於虛無，支出時間所獲得的結果是多元的。然而，人類的價值取向大趨勢總是朝文明、先進的方向發展，甘願支出時間而獲得貧窮、墮落、無知和犯罪的人畢竟是極少數。正因為如此，世界上貧窮拮据的父母親們，不必因為沒有萬貫家財留給孩子而遺

憾；家產豪富的父母親們，不要因為擁有錢財而對孩子的未來盲目樂觀。

奧萊夫的父母是瑞典西部韋姆蘭省鄉下最貧苦的佃農，他出生的時候家裡最值錢的財產就是一支鳥槍和三隻鵝。他那身著華麗甲冑的表叔抱著他的寶貝兒子帕爾汀譏笑他的父母說：「你那兒子注定是養鵝的窮鬼」奧萊夫的父母氣憤地說：「我們的奧萊夫是富翁，只須付出 20 年時間，他就會雇你的帕爾汀當馬夫。」20 年只是正常人生的四分之一。奧萊夫從 6 歲起就讀路德的《訓言集》，上中學後，他就懂得把時間進行有效率的分配，使每年、每月、每天和每小時都有它特殊的任務。一次，他在作文裡寫下「誰盜竊奧萊夫一分鐘的時間，誰就是在盜竊瑞典」老師給予他高度的評價「將來一定是國家的棟梁」20 歲的時候，奧萊夫果然創造了一項重大發明，成為瑞典出類拔萃的科學家。

看來，人生第一要緊的是把組成生命的時間，一分一秒地支付到自己崇高的生活目標上去。因為我們的生命是熱切的，願望是強烈的，時間在敲著離別之鐘，只有把踏著秒針的每一步攀登感覺是在挽救太陽落山，那麼，我們才會把沸騰的熱血，青春的生命，閃光的智慧，百折不撓的奮鬥交付在夜幕降落之前。

● 人生與下棋

人生猶如下棋。高者能看出五步七步甚至十幾步棋，低能者只能看兩三步。高手顧大局，謀大勢，不以一子一地為重，以最終贏棋為目標；低手則寸土必爭，結果辛辛苦苦地屢犯錯誤，以失敗告終。

贏家一般能表示謙虛，輸家卻往往不服，弄得贏家不舒暢。如果贏家盛氣凌人，雙方必然傷和氣。最好是贏者寬容謙雅，輸者恭謙好學，共釀

和善氣氛，教者、學者都愉快。學問之道，人際關係也如此。

　　人生亦忌戀戰。有些事，大局既已無望了，宜速放棄，另謀出路，不可空耗自己，不可空耗一生。一個人想做什麼和能做什麼，是兩碼事，必須在能做的範圍內選想做的事。如同一個女人喜歡什麼樣的衣服和能得到什麼樣的衣服是兩件事一樣。若在作家的圈子裡長期出不了佳作，不如改行做更適合自己的職業。拋棄虛榮心，哪怕降到低一檔的地位上，只要確能發揮自己的特長，就能做出更大的成就，找到自己的人生價值。不做可做可不做的事，不做可有可無的人，應是人的基本品格。二戰後期，有的國家見敗局已定，立即宣布無條件投降，轉身處理經濟，在有限的時間下了兩盤棋：一盤戰爭棋輸了，一盤經濟棋贏了。而有些國家在同一時間只下了一盤戰爭棋。人生也要俐落，有時還可同時下兩盤棋：本職工作和業餘愛好。兩盤棋相得益彰，即使一盤失利，心理也能平衡。

　　真正的大家能置己於勝敗之外，不吝稱讚對手，也勇於指正對手，容許對方回棋，達者聰明也。可惜人生往往不能回棋，但遇事大度些，也很有好處。讓人就是讓己，愛人就是愛己。

　　下棋須超脫，方能得享樂，應該把它當作休閒娛樂，輕鬆一下。若過於用心，甚至超過了用在工作和學習上的精力，贏則樂不可支，輸即氣急敗壞，則有傷肝脾，會減壽的。看到有的人為一盤棋絞盡腦汁真為他顛倒了的人生感嘆！人生應該有更值得認真的大事，凡在小事上過於認真的人，其人生價值必然不高。

　　同大家下棋是一種享受，能得到他人格美的感召；同俗子下棋是活受罪，受其惡劣棋風的虐待，贏得不快，輸得不爽，平局也受奚落。但人生中雅俗都會碰上，誰能逃避得了呢？同高雅者共事，得其薰陶或培養；同粗俗者共事，可以核對總和鍛鍊自己的人格。要拿出勇氣和耐心來，迎接

生活的變化與挑戰，百煉成鋼，琢玉成器。

下棋不必讀棋譜，否則，真是無聊之舉。可是，真希望能看到人生的「棋譜」，然而，這是沒有的。因為世界每天都是新的，過去的話，別人的話，不可不聽，也不能全聽，一切全靠自己去向前探索行進。

● 智者的四句箴言

一位十六歲的少年去拜訪一位年長的智者。

他問：如何才能變成一個自己愉快、也能夠給別人愉快的人呢？

智者笑著望著他說：孩子，在你這個年齡有這樣的願望，已經是很難得了。很多比你年長很多的人，從他們問的問題本身就可以看出，不管給他們多少解釋，都不可能讓他們明白真正重要的道理，就只好讓他們維持原狀了。

少年滿懷虔誠地聽著，臉上沒有流露出絲毫得意之色。

智者接著說：我送給你四句話。第一句話是，把自己當成別人。你能說說這句話的含義嗎？

少年回答說：是不是說，在我感到痛苦憂傷的時候，就把自己當成是別人，這樣痛苦就自然減輕了；當我欣喜若狂之時，把自己當成別人，那些狂喜也會變得平庸一些？

智者微微點頭，接著說：第二句話，把別人當成自己。

少年沉思了一下，說：這樣就可以真正同情別人的不幸，理解別人的需求，並且在別人需要的時候給予適當的幫助？

智者兩眼發光，繼續說道：第三句話，把別人當成別人。

少年說：這句話的意思是不是說，要充分地尊重每個人的獨立性，在任何情形下都不可侵犯他人的內心？

智者哈哈大笑：很好，很好。孺子可教也！第四句話是，把自己當成自己。這句話理解起來太難了，留著你以後慢慢品味吧！

少年說：這句話的含義，我是一時體會不出。但這四句話之間就有許多自相矛盾之處，如何一言以蔽之呢？

智者說：很簡單，用一生的時間和經歷。

少年沉默了很久，然後叩首告別。

後來少年變成了壯年人，又變成了老人。再後來在他離開這個世界很久以後，人們都還時時提到他的名字。人們都說他是一位智者，因為他是一個愉快的人，而且也給每一個見到過他的人帶來了愉快。

● 境由心造

一位朋友有著這樣的經歷：

那天，我站在一個珠寶店的櫃檯前，把一個裝著幾本書的書包放在旁邊。在我挑選珠寶時，一個衣著講究，儀表堂堂的男士也來看珠寶，我禮貌地把包移開。但這個人卻憤怒地瞪著我，告訴我他是個正人君子，絕對無意偷我的包。他覺得受到了侮辱，重重地把門關上，走出了珠寶店。「哼，神經病。」莫明其妙地被人這麼發脾氣，我也很不開心，也沒心情看珠寶了，於是離開了珠寶店開車回家。

馬路上的車像一條巨大而愚蠢的毛毛蟲，緩慢地蠕動。看著前後左右的車我就生氣：哪來這麼多車；哪來的這些臭司機，簡直不會開車；那傢伙開那麼快，不要命了；這傢伙真慢，怎麼學的車，拿雞腿換駕照……

後來我與一輛大型卡車同時到達一個交叉路口，我想：「這傢伙仗著他的車大，一定會衝過去。」當我下意識地準備減速讓行時，卡車卻先慢

了下來，司機將頭伸出窗外，向我招招手，示意我先過去，臉上掛著一個開朗、愉快的微笑。在我將車子開過路口時，滿腔的不愉快突然全部無影無蹤，豁然開朗。

珠寶店中的男士不知從哪裡接受了憤怒，又把這種壞情緒傳染給我，帶上這種情緒，我眼中的世界都充滿了敵意。每件事，每個人都在和我作對。直到看到卡車司機燦爛的笑容，他用好心情消除了我的敵意。有了快樂的心情，才聽得到鳥的歌唱

世界沒有改變，改變的是心情。

● 打開另一個出口

只要繼續正常揮棒，我知道最後的成功機率還是對我有利的，老天對每一個人都一樣。 —— 貝比・魯斯（Babe Ruth）

是什麼讓我們疲倦的身心，重新振作？是因為我們看見希望微弱的燈光，期待新生？

上帝可能只給你一個人生，是你給自己第二個人生的希望。

智利作家伊莎貝・阿言德（Isabel Allende）藉由寫作的方式治療自己內心的傷痛，她的祖父因為政變受害，導致整個家族四分五裂，流離失所，這段經歷使她長期蒙受心靈撕裂的痛苦，她變得無法愛自己，更無法被愛，雖然沮喪，卻不自絕於生命，終於她找到了出路，她用「回信」的形式與過去的悲傷告別，終結那悲傷的源頭，並鼓舞自己的重生。這些回信最後集結成一本書，一本暢銷書，這也讓她確信：只有文字的存在，才能讓親人重生。

她激烈地「拋投」自己的疼痛，從她決定寫作的那一天開始，她開始

整肅自己的生活，她決定足不出戶，不接電話，不與人交談，除了睡覺吃飯之外，都將自己的心靈綁捆在寫作之上。她自述這種心情就像在說故事，她將終其一生每天都寫一封信給她已逝的母親。

寫作或許給予她人生的成功，但是她真正的成功卻是藉由寫作將生命中的創痛轉化了，並成為安慰的力量。

承受過悲傷的人，是最好的安慰者，因為他懂得悲傷的苦。正在承受悲傷的人們，請抬高微弱的希望之光照拂更多的人。一個從悲傷中站起來的人，是一簇希望，讓人依舊相信生命的希望。

我的一位老師，每天固定清晨散步，他總不忘隨身攜帶筆與紙，而每日心靈的吉光片羽也總不辜負他；退休之後的他，筆力愈強，心情好時，一日可以畫好幾張，心情不佳時，他也能勉力作畫，用畫來化解心中那股鬱結的謎團，總要畫到自己的心情豁然開朗為止，就連病中體力不佳，他亦用「心」當「筆」畫出自己的意想，這般的努力，讓他因禍得福，病體早早痊癒，且在自己的畫作中看見自己長久以來無法突破的盲點。

有人可能因為退休而恐慌，他卻在繪畫中找到「喜悅之泉」，有人可能因為病體而自傷，他卻因此獲得啟發。

藝術醫療，是近年來各大醫院興起的另類醫療方式，將自身疼痛轉借到藝術創作之上，將痛苦幻化成美麗的花，在其中領悟、重生。

釋放自己的心，給予自己藝術的欣賞與領受力，你我的生命，就不會像風中柳絮。隨著歡喜隨著憂，我們會像一棵大樹，橫逆傷害了枝葉，卻無傷於你我的枝幹。從轉變中看見圓滿的新生。

● 原則

我曾經是一個漫不經心的人，對生活的態度是「不必太認真」，凡事過得去就行，無論對人還是對己。我一直把它看成優點，認為可以免生許多閒氣。但那短短幾分鐘的經歷，竟改變了我的這個看法。

那是 1993 年的除夕之夜，我在德國的明斯特參加留學生的跨年。跨年結束後，整個城市已經睡熟了，在這種時候，誰不想早點到家呢？我和先生走得飛快，只差沒跑起來了。

剛走到路口，紅綠燈就變了。迎向我們的行人燈轉成了「止步」：燈裡那個小小的人影從綠色的、甩手邁步的轉換成了紅色的、雙臂懸垂的立正形象。

如果在平常，我們肯定停下來等綠燈。但是夜深了，馬路上沒有任何車，即使有車駛來，500 公尺外就能看見。我們沒有猶豫，走向馬路⋯⋯

「站住。」身後，飄過來一個蒼老的聲音，打破了沉寂的黑暗。我嚇了一跳，原來是一對老夫妻。我們轉過身不好意思地望著那對老人。

老先生說：「現在是紅燈，不能走，要等綠燈亮了才能走。」

我的臉紅了起來，喃喃地道：「對不起，我們看現在沒車⋯⋯」

老先生說：「交通規則就是原則，不是看有沒有車。在任何情況下，都必須遵守原則。」

從那一刻起，我再沒有闖過紅燈，也一直記著老先生的話：「在任何情況下，都必須遵守原則。」

在以原則為綱的社會裡，你看見處處是方便之門；而在一個不太重視原則的社會裡，生活卻是一件相當累人的事。我的朋友老徐一家，在德國住了八年後舉家回國，他最感嘆的不是住房小、噪音大、空氣汙染嚴重

等，而是——生活中沒有原則。比如，很大的事情，妻子的工作業務，相關部門無法處理，但主管一出面，事情就解決了；很小的事情，上公車，過馬路，在郵局寄信匯兌等，明明排隊很快，人們偏要擠成一團。老徐嘆：「只要辦事，就滿身大汗，活得真累。」

原則在平常時看不出他的威力，但一旦你有了這個原則，做人的原則，做事的原則，你就會心地很坦蕩，活的輕鬆而自然，人性的光輝亦由此而來。

● 面對得到

誰說過的？在你得到什麼的同時，你其實也在失去。

得到。我們的得到總也是具體的，有形的，有限的。比如友情，你得到的其實是許多種之一，而在想像中、在得到前才是無限的，才擁有無限多的可能。

盡可能豐富的人生，也只是人生的一種，你無疑是失去了關於單調人生的體驗。常年累月就只有那位幾稀少的朋友，閉門靜守的習慣。每每黃昏獨自漫步的滋味，又將是怎麼樣的呢？

當我們呱呱落地什麼都沒有時，我們是無限的，面對無窮多的可能。當這個小生命穿上了第一件肚兜的剎那，就決定了他第一次只穿它而不是穿任何其他的，就失去了第一次「其他」的機會，就破壞了他的第一次無限感。

在青春期前，關於「愛」的可能也是無限的。當你得到了一個具體的伴侶，便凝固了其餘的可能。而當你有了一大堆伴侶，可任你將感情隨意拋灑之際，你甚至更慘，你肯定是失去了畢生只愛過一個人的全部體驗（像許多美麗的故事所描寫的那樣），而且這種可能再沒有了。

每天每天，我們都在失去。為了不失去，我們延續決斷的時間。

無限感對我們說 ——

你可以是……

你可以是……

你可以是……

我們以躊躇不決來守住我們的無限感，可是時間不放過我們，生命在催促我們，甚至可以向我們收回！連躊躇不決的權利都最後失去。

當我們已完完全全踏入了成人的行列，做小孩子時所擁有的萬般選擇的可能的感覺當然也最後失去，最後失去了。

為什麼追求時的心境不同於得到後的心情？為什麼會「不過如此」？ —— 當渴望達到之際，那份無限感也隨之結束了。

從「你可以是」的也許，到「你就是」的肯定，從也許到肯定直到一種具體的有限的可觸摸的肯定，我們所擁有的空間就這樣大大縮小……

是啊！你說要舉行的是一個豪華的婚禮，那麼我說你至少失去了另一種機會 —— 在荒涼的沙漠、髮際上只插一束芹菜的婚禮！你又詭調地眨下眼說，假如，我兩種都擁有呢？那更簡單了，我都不用說，你失去的是只和一個人白頭偕老的情感。人總在失去。

明天，就是我的生日了。25 歲，在我生命的歷程裡是一個重要的時刻。好在，我懂得了，一個人只能選擇一種生活。「很可能豐富的人生也只是一種人生」……騷動不安的心就此寧靜下來。我終於屈服於生命的局限，在這一屈服面前，我感到前所未有的充實。當我滿心倔強、不甘願承認這件事實時，我空虛，面對茫茫然可供選擇的世界不知所措，對得到的一切都不滿！因為每一次得到都在加重我的失落感……而現在，獨自坐在這裡，眼前是一汪碧綠的池水，望著對岸那棵尖尖的寶塔松，我出奇的安靜了。

● 每一步的選擇

　　人生有許許多多的分岔路口，在每個路口，我們只能選擇其中的一條道路走下去。我們有時迷惑於自己的選擇是對還是錯？

　　對於問題的對錯我如此的無助，於是我乞求時間來告訴我答案。

　　時間沉思了好久，終於開口告訴我一個平淡而又平淡的答案。時間說「你不可能同時踏上兩條道路，所以其餘道路的命運你永遠不可能知道。雖然你自以為在分岔口作了非常審慎的考慮，你依然無法判斷你的對錯。而且在現實的生活中，衝動和盲目的選擇常常比冷靜和沉穩更容易得到。雖然這種得到未必是一種幸福。」

　　時間又說，「人的痛苦有很大一部分來自於選擇，因為選擇意味著要放棄其中的一方。……其實，每一條道路都是一樣的，只要你永遠用自己的心去選擇。……每個人都有他自己的道路，自己的選擇，因此也必須為自己的選擇負責。……你，沒有權利替別人選擇。」

　　我一直沒有明白時間的話，或許在許多年月之後，當我回首自己的曲曲折折走過的路時，會依稀領悟些什麼。

因為情緒太糟糕，所以需要自療心理學：

憂慮寂寞來襲、被綑綁的人際關係、生活處處碰壁？這是一劑心靈的處方，請安心服用！

編　　著：胡彧

發 行 人：黃振庭

出 版 者：崧燁文化事業有限公司

發 行 者：崧燁文化事業有限公司

E-mail：sonbookservice@gmail.com

粉 絲 頁：https://www.facebook.com/
　　　　　sonbookss/

網　　址：https://sonbook.net/

地　　址：台北市中正區重慶南路一段六十一號八
　　　　　樓 815 室

Rm. 815, 8F., No.61, Sec. 1, Chongqing S. Rd.,
Zhongzheng Dist., Taipei City 100, Taiwan

電　　話：(02)2370-3310

傳　　真：(02)2388-1990

印　　刷：京峯彩色印刷有限公司（京峰數位）

律師顧問：廣華律師事務所 張珮琦律師

定　　價：375 元

發行日期：2023 年 05 月第一版

◎本書以 POD 印製

國家圖書館出版品預行編目資料

因為情緒太糟糕，所以需要自療心
理學：憂慮寂寞來襲、被綑綁的人
際關係、生活處處碰壁？這是一劑
心靈的處方，請安心服用！/ 胡彧
編著 . -- 第一版 . -- 臺北市：崧燁
文化事業有限公司 , 2023.05
面；　公分
POD 版
ISBN 978-626-357-314-7(平裝)
1.CST: 心理衛生 2.CST: 情緒管理
3.CST: 生活指導
172.9　　112005385

電子書購買

臉書